"尖叫"服务

68个大招轻松打造令人惊喜的客户体验

[英] 艾德里安·斯温斯科 (Adrian Swinscoe)　◎著

胡凌　彭彦婕　胡艾　◎译

湖南科学技术出版社

图书在版编目（ＣＩＰ）数据

"尖叫"服务：68个大招轻松打造令人惊喜的客户体验 ／（英）艾德里安·斯温斯科（Adrian Swinscoe）著；胡凌，彭彦婕，胡艾译. —长沙：湖南科学技术出版社，2020.9
书名原文：HOW TO WOW
ISBN 978-7-5710-0548-1

Ⅰ. ①尖… Ⅱ. ①艾… ②胡… ③彭… ④胡… Ⅲ. ①企业管理－销售管理 Ⅳ. ①F274

中国版本图书馆 CIP 数据核字(2020)第 055715 号

著作权合同登记号：18-2017-281

"JIANJIAO" FUWU 68 GE DAZHAO QINGSONG DAZAO LINGREN JINGXI DE KEHU TIYAN
"尖叫"服务 68个大招轻松打造令人惊喜的客户体验
著　　者：（英）艾德里安·斯温斯科
译　　者：胡　凌　彭彦婕　胡　艾
策划编辑：陈　刚
责任编辑：李　柔
出版发行：湖南科学技术出版社
社　　址：长沙市湘雅路 276 号
　　　　　http://www.hnstp.com
湖南科学技术出版社天猫旗舰店网址：
　　　　　http://hnkjcbs.tmall.com
印　　刷：长沙鸿和印务有限公司
　　　　　（印装质量问题请直接与本厂联系）
厂　　址：长沙市望城区普瑞西路 858 号金荣企业公园 C10 栋
邮　　编：410200
版　　次：2020 年 9 月第 1 版
印　　次：2020 年 9 月第 1 次印刷
开　　本：889mm×1194mm　1/32
印　　张：9.125
字　　数：183 千字
书　　号：ISBN 978-7-5710-0548-1
定　　价：49.80 元
（版权所有·翻印必究）

名人荐书

"一个引人入胜、生动活泼、实用性强的指南，帮助你将客户体验置于业务中心。"

——尼克·查特（Nick Chater），华威商学院行为科学教授、决策技术有限公司（Decision Technology Ltd）联合创始人

"文如标题，充满了强大的、高效易行的实用技巧，将你的公司变型为真正的客户服务大咖。"

——迪·布里克（Dee Blick），英国特许营销协会会员（FCIM）、最佳营销畅销书作家

"在《'尖叫'服务》一书中，艾德里安以访谈实录、研究数据和他自己多年的实践经验，总结了精彩纷呈的运营技巧，提炼出了打造精彩客户体验的关键要素和情感态度，68个大招都是精挑细选的结果，你一定能受益匪浅。"

——明特·戴尔（Minter Dial），Myndset公司总裁兼创始人、lastminute.com集团非执行董事

"本书将帮助你建立一个蓬勃发展的以客户为中心的文化！这68个客户服务理念将彻底改变你的经营方式！艾德里安用公司实例、顾客经历和科研成果总结出切实可行、经济实用的经营理念。强烈推荐！"

——S.克里斯·埃德蒙兹（S. Chris Edmonds），演讲家、资深项目顾问和畅销书《文化引擎》（Culture Engine）的作者

1

"艾德里安以可读性强和对话式的方式写作,深深地吸引了读者。这本书明确聚焦于如何深入理解并不断改进客户体验。所提供的创意点子既是对公司的挑战,又是提升顾客满意度的大好机会。'怎样放大招'和'放大招'部分是非常实用的,它鼓励读者拿走这些大招,并将它们应用到现实生活中。这是一本启发灵感的手册,它提醒我们,小细节和大策略同等重要。"

——贝弗莉·兰迪(Beverly Landais),英国特许管理协会资深会员(FCMI)、英国特许营销协会会员(FCIM)、桑德森豪宅财富管理营销和业务开发总监

"真希望我创业的时候有这本书!无比有用的指导,如此的易于实施。超爱'如何放大招'部分。"

——约翰·牛顿(John Newton),The Ecology Consultancy 创始人兼总经理

"我们生活在一个通过互动来感知彼此的世界里。公司很快就意识到重新设计客户体验并不是件容易的事——艾德里安·斯温斯科提供了一个明确的方向来重新打造客户体验。"

——斯图尔特·M·布卢姆(Stewart M. Bloom),科胜通软件公司(Aspect Software)首席执行官

"每个页面都充满了真实世界的例子和灵感,《'尖叫'服务》一书是无价之宝,能让公司领导走出来,与下属团队、客户群体以及他们自己的价值观更深入地联系起来。我放不下它,你也会一样!"

——特德·科因(Ted Coine),OPENfor. business 首席执行官

"艾德里安书中的经验简单而强大。从根本上看，这一切都要回归到赢得客户信任，而且他的妙招对于领导者和处于职业生涯早期的人来说都是重要的提醒。"

——彼得·穆尔曼（Peter Muhlmann），Trustpilot 创始人兼首席执行官

"本书是那些以顾客为中心的公司及其背后领导者的终极指南。它从客户和企业两个角度出发，在当今客户为王的时代成为商界必读书。"

——吉姆·迪斯科（Jim Dicso），SundaySky 总裁兼首席运营官

前　言

　　英国伦敦的大英博物馆珍藏了一封 3700 年前的顾客投诉信[1]，这封信刻在一块泥板上，是约公元前 1750 年古巴比伦时期（美索不达米亚平原南部地区）的一个名叫南尼的人写给商人伊-纳西尔的。在这封信里，南尼说他向这个商人订购的两船铜矿石有问题，一艘船上的铜矿石型号不对，另一艘船到晚了，而且送货地址也错了。

　　不同的时间，相似的问题。

　　今天的我们虽然不知道伊-纳西尔是如何回复南尼的，但我们知道，为顾客提供优质的服务并帮他们解决问题，一直以来都十分重要。

　　不过，近些年来我们发现一个新的概念诞生了，那就是"客户体验"。

　　但什么是客户体验呢？

　　关于客户体验有很多种定义，但我把它简单地描述为"客户与公司之间一切体验的综合"。

　　此外，由于竞争越来越激烈，顾客的行为和偏好发生了改变，以及科技也在发展，产品和服务之间已经不再具有实质性的差异，客户体验得到了前所未有的重视。因此，我们留给客户的就是这些服务，而优质的服务和完美的体验能让公司从一大批竞争对手中脱颖而出。

　　越来越多的顾客开始从客户体验方面来评价与他们合作的公司。2011 年，甲骨文公司（Oracle）[2]的研究发现，89% 的受访顾客因为一家公司糟糕的客户体验而转向了其他公司。这与同年美国运通公司（American Express）[3]的一项研究很相似，该研究发现，全球大多数顾客都因为糟糕的客户服务或体验而放弃了商业合作，没有和该公司完成一笔交易。

此外，顾客信息咨询公司 Walker 在另一项研究中发现，客户体验将变得越来越重要。到 2020 年，客户体验将取代价格和产品成为区分品牌最关键的要素[4]。因此，至少在 21 世纪上半叶，客户体验将成为企业竞争的关键环节。

直觉上，大多数公司领导、高管和企业家都明白这一点，但由于客户体验涉及公司的方方面面，所以他们很难确切地知道一个新的客户体验项目的投资回报率是多少。

不过，最近有两项研究可以说明这一点。

第一项研究来自于 Watermark 咨询公司[5]。根据 2007 至 2013 年弗雷斯特研究公司（Forrester Research）的年度客户体验指数，Watermark 咨询公司在 2015 年比较了排名前十和倒数十名的上市公司的股票收益[6]。他们发现，在这段时间内，位列前十的公司（客户体验做得很好的公司）比平均标普 500 指数①高出 35 个百分点，而倒数的十家公司却落后标普 500 指数 45 个百分点。两类公司有 80 个百分点的差异！

第二项研究来自于 Medallia 公司的彼得·克里斯（Peter Kriss），他在《哈佛商业评论》（*Harvard Business Review*）中发表了一篇文章，叫作《客户体验的价值：量化》（*The Value of Customer Experience，Quantified*）[7]。在这篇文章中，他阐述了自己通过量化的方式探究良好的客户体验与糟糕的客户体验之间的价值差异，并以此方式比较了不同商业模式的差异情况。我有幸采访

---

① 译者注：标普 500 指数，又称标准普尔 500 指数，是记录美国 500 家上市公司的股票指数，与道琼斯指数相比，标准普尔 500 指数包含的公司更多，因此风险更为分散，能够反映更广泛的市场变化。

到彼得[8]，跟他聊起了这项研究。下面是采访内容中的一些亮点：

　■ 他在研究中比较了两家公司的经营状况，这两家公司的客户都超过了 50 万，但是一家公司是以交易为主的商业模式，而另一家是以订阅为主的商业模式。

　■ 接着，他开始观察，如果顾客获得很好的体验，他们会比体验不好的顾客多花多少钱。

　■ 他的研究发现，在交易型的公司，当客户体验由差变好时，顾客愿意多花 140% 的钱。

　■ 在基于订阅的公司，当客户体验由差变好时，顾客保留率从 43% 提升至 74%。

　所以，在明确客户体验的重要性并了解一些相关的商业案例后，现在唯一要做的就是着手打造优质的客户体验。

　现在市面上已经有很多关于客户体验和客户服务方面的书籍，其中很多都写得不错。但我认为这些书籍还是存在较多的"漏洞"，而且它们都给出了各种各样的"答案"，比如：如果你按照我们的方法做，就一定会成功。

　问题在于，在这件事上，我并不相信有所谓的"答案"，只有对公司和客户合适的东西，以及你要面对的问题。

如何使用这本书？

　我写这本书是想要为读者提供一系列切实可用的招数、小贴士和策略，从而帮他们打造一致的、差异化的世界级客户体验。书中的 68 个大招实用又简单，它们来自于最近四五年学术研究成果、企业实践经验以及我采访到的 150 多位著名作家、企业家、客户服务/体验专家和一线人员的一手素材，可以很好地运用到公司实践中去。

　　不过，提升客户体验的方法绝对不止本书中介绍的这些大招和方法，也不是每个企业都可以全盘照抄。其实，它们更像一个"自主选餐"，你可以挑出那些你自己喜欢并最适合你公司的大招。

　　这些大招属于不同的章节（如下图），对应了客户生命周期。很多企业在打造客户体验时，也会面临一系列内部挑战，这些大招也可以帮助企业应对这些挑战。

　　虽然每一个大招都是独立的，但在每个章节里我都尝试用合理的逻辑把它们联系起来，这与顾客的体验之旅是一致的，而且随着你的阅读，你会发现这些大招是相互关联的。

　　此外，每个大招都由三个部分组成：

　　1. 简要介绍——说明大招的内容并给出相应的案例。

　　2. 放大招——给出一个案例或访谈，展示这一招的实际用途。

　　3. 怎样放大招——给出使用这一招的具体建议，教你接下来该怎么做。

　　最后，这本书并没有太多关于渠道、技术、系统和流程的内容，因为这些东西在不断地变化：本书更注重人际关系和相关人员，比如顾客和公司内部职员。

　　希望你能享受本书带来的乐趣！

目　录

上　篇　顾客视角

第一节　吸引顾客　3

前言　5

大招 1　等在顾客旅程的起点　6

大招 2　不去打扰顾客　10

大招 3　建立远程信任　13

大招 4　让人关注你与主动关注人　16

大招 5　信任推动交易　19

大招 6　走进顾客的心里　22

大招 7　顾客行为总在变：设法验证你的猜想　25

大招 8　洞悉数据很好，实地体验和仔细观察更佳　27

第二节　提高顾客参与度　31

前言　33

大招 9　了解你和顾客的关系　34

大招 10　主动出击才能建立信任　37

大招 11　顾客信任的是和他们相似的人　39

大招 12　为提高顾客参与度，你必须愿意接受失败　41

大招 13　做对顾客有利的决定：这是一种信念　43

大招 14　怎样才能更吸引人　46

大招 15　同理心是提高顾客参与度的关键　49

大招 16　不良企业行为会影响顾客体验、降低顾客参与度　52

大招 17　围绕顾客关系进行革新　54

大招 18　数据、隐私及其对顾客关系的影响　57

大招 19　邀请顾客参与、打造美好的顾客体验　62

大招 20　顾客愿意为更好的服务多花钱　64

第三节　服务顾客　67

前言　69

大招 21　顾客虽然讨厌等待，但等待的体验却可改善　70

大招 22　说顾客的语言　73

大招 23　自然界害怕真空　76

大招 24　差评也能变好事　79

大招 25　处理好细节问题　81

大招 26　首因效应与近因效应　83

大招 27　积少成多、量变引起质变　86

大招 28　让事情变简单　89

大招 29　行为科学及其对客户服务的启示　92

大招 30　找出并应对顾客的沉默投诉　96

大招 31　保证产品质量和服务流程的稳定是关键　99

大招 32　别用数字，用名字　103

大招 33　主动服务顾客　106

大招 34　重诺守诺，但无需多做　112

大招 35　顾客互助变容易，服务质量就提级　115

大招 36　客户体验中最持久的情绪　118

大招 37　确保送货环节不是你的致命弱点　121

大招 38　让顾客少花些精力　124

大招 39　客户服务在改善之前会变得更差吗？　127

大招 40　你的品牌属于哪种客户服务模型　130

第四节　留住顾客　133

前言　135

大招 41　"桶中洞"效应　136

大招 42　认知差异确实存在且很重要　140

大招 43　大多数忠诚计划并不会产生忠诚　144

大招 44　小小的边际成本会带来高值的顾客感知　148

大招 45　让顾客成为主角　151

大招 46　破解顾客忠诚的密码　154

大招 47　投诉是留住顾客的关键　157

大招 48　找出获取顾客忠诚的关键　160

第五节　推荐顾客　163

前言　165

大招 49　不主动开口你就得不到　166

大招 50　主动出击也能获得支持　169

大招 51　怎样打造自己的顾客推荐社区　172

下　篇　公司视角

第六节　有效沟通　179

前言　181

大招 52　告知调查实情，让调查尽量简短　182

大招 53　给予顾客反馈，汇报调查结果　185

大招 54　调查顾客的最佳时机　189

大招 55　解读数据要审慎　193

第七节　激励员工　197

前言　199

大招 56　努力工作，友好待人　200

大招 57　客户体验与员工敬业度的关联　203

大招 58　敬业度不是命令来的　208

大招 59　也要打造员工体验　212

第八节　领导公司　217

前言　219

大招 60　打造最有利于客户体验的组织结构　220

大招 61　更灵活地应对客户需求　224

大招 62　舍旧迎新、助力客户体验　227

大招 63　用行动而不是目标来改善客户体验　230

大招 64　领导行为与客户体验　235

大招 65　谦逊待人、勇于认错必获益　238

大招 66　指标一旦变成目标，就不再是好指标　241

大招 67　你今天做了什么让你的团队工作更轻松？　244

大招 68　不要相信天花乱坠的炒作　247

后记　250

注释　251

上　篇

顾客视角

第一节

吸引顾客

前　言

吸引新客户在商业活动中是最为困难的环节之一，现在的顾客面对的选择太多，想吸引他们就更是难上加难了。

传统的广告和营销通过大众传播手段来提高顾客的产品意识，以引起他们的注意。这种方式主要是直接"对"顾客说话。但是现在这种方式已经不管用了，因为大多数顾客不再相信企业的王婆卖瓜。顾客在买东西前，会花越来越多的时间进行线上线下多方对比，在选择合作的公司、确认自己的购买需求时也变得更有眼力劲。因此，仅仅设计出一支"炫酷"的新广告是远远不够的，公司营销预算盘子的大小也并不总是成功的最佳指标。相反，那些领先的公司都清楚地认识到，要吸引客户就必须得到他们的信任，让他们觉得这是一家可以帮得上忙的公司，他们才会乐意和这家公司合作。

在现代社会中，企业吸引新客户的能力所涉内容颇多，比如顾客在哪里开始他们的选购之旅？为何与顾客建立远程信任对企业如此重要？顾客选购技巧是如何与时俱进的？企业要如何应对顾客的行为变化？围绕这些议题，本节将和大家分享一些营销大招、案例分析、高层访谈以及营销小提示。

大招 1 等在顾客旅程的起点

若你想在顾客选购之初抢占先机，可用此大招。

在互联网诞生之前，如果我们想买点从来没买过的东西，买之前我们要么会看看产品目录，要么会和家人、朋友聊聊，要么去展销会看看，或者去逛逛当地最大的城镇（对我来说，这个城镇就是爱丁堡，因为我从小在苏格兰边境长大，小时候对我来说去爱丁堡可是件大事），或者到大街上遛一圈，找个当地的商店老板聊一聊，那个时代他们就好像一本万宝全书，啥都知道！

以前，我们就是这样开始选购之旅的！

现在我们的购买方式已经截然不同了。对很多人来说，当着手考虑买新东西的时候，第一件事就是打开谷歌、必应、雅虎或者其他搜索引擎，搜索更多关于这个东西的信息：它是否在售，谁生产的，别人怎么评价的，有哪些产品可选，等等。

这可能会让我们觉得我们的购买方式已经发生了根本性的改变，但实际上并没有。的确，如今更多的信息在我们指尖流淌，可我们还是在想办法搜索信息，找人聊天以得到更多信息，想办法获得线索以找到值得我们信任的人、可以交流的人或是找到我们想要的东西，等等。

尽管过去几年中，顾客的购买行为已发生了巨变，很多企业却依然认为，当顾客踏入他们的办公室或商场，或第一次与他们洽谈的时候才是选购之旅的起点，这一点让我震惊。这么做的企业在客户选购之初就已经错失了一个与他们建立联系的大好机会。

放大招

在近年来经历了巨变的行业中，汽车行业是个范例，让我们来看看这个行业。麦肯锡公司（McKinsey）[1] 2013 年的报告显示：

- 传统上，消费者买车前与不同的汽车经销商见面（无论是新车还是二手车）的平均数量是 5 家。如今在某些地区这一数字已经下降至 1 家，因为越来越多的消费者会在网上进行购买研究（超过 80% 的新车和接近 100% 的二手车消费者），他们甚至在与经销商见面前就已经决定好想要的车了。

- 接近 90% 的消费者表示，在买车决策之初，他们就会浏览汽车经销商和汽车生产商网站的信息，也会通过其他各种在线资源（社交媒体、博客、论坛）来收集信息，比较报价。

所以，要想得到销售机会并借着这些机会生存和蓬勃发展的话，汽车经销商不能再依赖传统的广告促销手段和地理位置的优势了。

成功的商家都很清楚，要想蓬勃发展，就得站在顾客的角度思考问题。他们知道，在进入公司的产品展示厅之前，顾客的购买之旅早已开始，他们要通过公司网站、博客和社交媒体为顾客的问题提前准备好答案，这样顾客才能及时找到。他们知道不能再"卖"产品给顾客，而应该着手帮助并服务顾客。他们知道，公司能做的最有力的事情就是贴出顾客的最新评论和反馈，用这种方式与新顾客建立信任、展示自信。他们还知道，顾客越来越希望他们的购买体验能够在不同渠道（移动终端、网店和实体店）之间实现无缝衔接。

怎样放大招？

很多顾客越来越早地开始他们的选购之旅，而且会在网上进行购买研究。所以公司要意识到这一点，并研究怎样在选购之初就能帮助这些潜在顾客。

要为这一步做准备，你需要先回答几个关键问题：

■ 你的顾客旅程是从哪里开始的？

■ 你是否等在顾客旅程的起点？

■ 在购买决策上，他们想要了解什么？他们在担心什么？他们有哪些想法？等等。

■ 你的市场定位，或者说你的特点是什么？你想不想在某一领域出类拔萃？比如你的产品是不是最为物美，最为价廉？或者你的公司是不是最值得信任，最为环保，或最信守社会道德呢？你能做到这些吗？你能展现出这些品质吗？这不只是说说而已，你必须得用实际行动来证明。

■ 社交媒体能帮到你吗？比如脸书（Facebook）、博客、推特（Twitter）、领英（LinkedIn）、照片墙（Instagram）、品趣志（Pinterest），等等。

这些问题的答案会给你一些线索，让你知道，当顾客开始选购时，你需要做些什么才能满足他们，或者至少接近他们。

不过，你不能止步于此。一旦你知道能做些什么以确保你在顾客旅程之初为他们提供帮助，那就一直做下去，并且为顾客规划好接下来的选购之旅。下面这个顾客旅程示意图[2]能帮你做出规划。

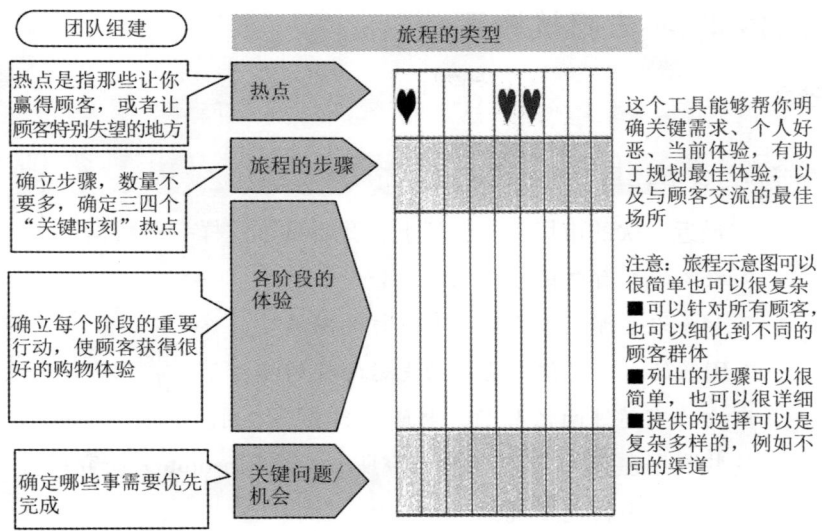

图 1.1　顾客旅程示意图

团队组建

旅程的类型

热点是指那些让你赢得顾客，或者让顾客特别失望的地方 → 热点

确立步骤，数量不要多，确定三四个"关键时刻"热点 → 旅程的步骤

确立每个阶段的重要行动，使顾客获得很好的购物体验 → 各阶段的体验

确定哪些事需要优先完成 → 关键问题/机会

这个工具能够帮你明确关键需求、个人好恶、当前体验，有助于规划最佳体验，以及与顾客交流的最佳场所

注意：旅程示意图可以很简单也可以很复杂
■可以针对所有顾客，也可以细化到不同的顾客群体
■列出的步骤可以很简单，也可以很详细
■提供的选择可以是复杂多样的，例如不同的渠道

大招 2　不去打扰顾客

若你想要省钱且不再打扰顾客，可用此大招。

在最近一次的市场营销会议上，我看到了这样一些数据：

- 86%的人看电视时会跳过广告；
- 44%的直邮广告从来没有被打开阅读过；
- 91%的人会退订那些自动发送的营销邮件；
- 全球有超过两亿人在"电话黑名单"之列。

这些数据在 2015 年艾米娅研究所（Aimia Institute）[3]研究报告中被证实，该报告还发现：

- 74%的英国顾客表示，他们收到了太多的广告邮件；
- 由于营销活动对象定位不准，69%的英国顾客关闭了他们的客户账户。

这种事情不仅发生在英国，2015 年营销软件公司 Marketo[4]的研究发现，在美国、英国、法国、德国和澳大利亚，有 63%的消费者对某些品牌表示不满和失望，因为他们不断地被这些公司发来的广告消息轰炸。

这些发现告诉我们，顾客根本不想被广告打扰，比起收听广告信息，他们当然更加珍惜属于自己的时间。

放大招

我们每天会看到多少广告呢？几百个？几千个？那到底又有多少广告被我们记住了呢？

你的邮箱里有多少封垃圾邮件？你有没有遇上这种事，你根本就找不到你真正需要的邮件，甚至不小心把这些邮件连同垃圾邮件给清理了？

你有没有收到一些邮件，它们发自于从未与你有过交易的公司？你有没有接到过推销电话，电话那头想让你出钱买点东西，甚至都不问问你是否方便通话，就对你展开电话轰炸？

你有没有与一家公司有过业务往来，结果被他们列入营销名单，他们就开始通过各种广告和最新信息不断地轰炸你？

所有这些行为都是在打扰客户，而且大多数派不上用场。但最糟糕的却是许多公司都忽略了这些信号，仍旧将资源浪费在低效的营销活动和手段上。

加里·维纳查克（Gary Vaynerchuk）是一位成功的社交媒体和葡萄酒企业家，也是位广受欢迎、风趣幽默的演说家和畅销书作家。他很好地总结了这种情况，还为此提供了其他的解决方式[5]：

■ 与其在超级碗（Superbowl）赛事上投资 300 万美元做宣传，不如以年薪 5 万元雇来 60 名员工，让他们在推特或者其他社交媒体渠道上提供更好的广告服务，或者用这笔钱找个代理商来帮你做。

■ 大多数公司中有 20%~30% 的开销是不求利润的。

怎样放大招？

虽然已有研究表明顾客认为这样的营销方式并没有什么效果，但是仍有许多公司在依赖传统营销手段来吸引顾客。所以，如果顾客对你的广告宣传没什么兴趣，你也没有得到想要的回应，这时你就要反思一下你的营销手段了。

要为这一步做准备，你需要先回答这样几个关键问题：

■ 你的广告宣传针对的是你的目标顾客群体吗？

■ 你只是想要他们出钱买东西吗？

■ 你打扰顾客是为了让自己多赚点，还是为了让他们省点钱呢？

■ 假如你不再把钱浪费在没用的事情上，那就想想你还能做什么？还能投资什么？

■ 你能做些什么来帮助你的顾客，而不是打扰他们？

这些问题的答案会给你一些线索，让你知道你能在哪里省钱，以及怎样才不会打扰到你的现有顾客。

大招 3　建立远程信任

> 若你想知道怎样让顾客更好地了解你，可用此大招。

很多公司，无论是大公司还是小公司，都始终觉得与客户建立信任主要是通过与客户保持联系、拜访他们、给他们发送邮件或者打电话沟通。

然而，谷歌和美国企业执行委员会（CEB）[6]的研究都表明，不管商业客户正在研究购买的东西成本有多高，在和目标公司接触之前，他们就已经完成选购之旅的 60% 了，消费者购买产品也是如此。

成功的公司和品牌意识到了这一点，所以他们会对公司网站、博客、社交媒体活动、数字营销宣传资料和活动等做出一系列调整，这样就能让顾客更好地了解他们。他们能够让顾客在走进商店、在线购买、打电话或邮件咨询之前，就能享受到舒适的购物体验，这就是所谓的内容营销或集客营销。

放大招

Hubspot 公司是一家成功的美国软件公司，发展迅速。这家公司在集客营销方面做得很好，他们也通过自己的软件平台帮助其他公司实施这种营销策略。

Hubspot 公司认为，随着消费者行为的改变，未来集客营销和内容营销可能会占据市场营销的 80%。

在对 Hubspot 公司的一次采访中[7]，他们也表示：

■ 所有公司都需要意识到，顾客现在可以控制营销，因为他们可以不看广告、拉黑推销电话、屏蔽直邮邮件。

■ 这样也能让公司意识到，他们需要加大集客营销和内容营销的力度。

■ 传统上，大多数公司的营销策略组合中，集客营销占10%，传统营销占90%。

■ Hubspot公司在开发潜在客户方面，集客营销和内容营销占开支的75%，传统营销占25%。但是他们认为80∶20的比例应该更好。

■ Hubspot公司在获取潜在客户时，集客营销的成本是传统营销的一半，但吸引的客户人数是其他公司的3倍。

怎样放大招？

信任不是别人给的，而是自己赚来的。和以往一样，这句话放到今天还是很有道理。但现在和顾客建立信任变得越来越难，因为很多顾客在和一家公司接触之前就已经做出了大部分的购买决定。所以公司需要做出应对，利用内容营销和集客营销等工具，让自己与顾客建立远程信任。要开始你自己的"建立远程信任"之旅，你需要做到这几点：

■ **了解自己的顾客群体**。这意味着当你在创作内容时，要确保你所创作的内容是针对你想要吸引的顾客群体。Hubspot公司最开始只针对两类顾客群，但现在他们向六七类不同的顾客出售产品。

■ **成功的集客营销＝内容+情境**。情境就是指顾客生命周期的各个阶段。如果你创作的内容正合顾客胃口，集客营销的效果就会大大增强。不过这个效果也和情境息息相关，比如顾客处在购买周期的哪一步，他们想要完成哪些工作，以及他们需要做出什么决定[8]，等等。你需要在合适的时间，对合适的人说合适的话。

小贴士

着手集客营销和内容营销的最大障碍是害怕——害怕做不好一件没做过的事情。克服这种担心，开始行动吧。你可能会犯错，但假以时日你会变得越来越好。

大招 4　让人关注你与主动关注人

> 若想知道如何与顾客建立更好的关系，可用此大招。

我们经常听到企业领导者和营销商发出这样的抱怨，现在想要通过营销手段吸引顾客注意，获得良好的营销效果变得越来越难了。

但问题主要在于，许多公司还在使用传统的传播手段来吸引新顾客，即便在社交媒体渠道也是如此。

许多公司仍然"口若悬河"，滔滔不绝，希望这样会获得顾客更多的关注。但这种方式并不是那么合顾客的胃口。

这种模式在商业中越来越多地出现，我们所处的情境正朝着另一个方向改变，即关系（互利共赢的关系）将是推动商业发展的动力。这个概念对大家来说并不陌生，因为这回到了做生意最基本的方法，你可以通过与周围的人建立更好的关系来发展自己的事业。早在 1936 年，戴尔·卡耐基（Dale Carnegie）就在《人性的弱点：如何赢得朋友并影响他人》（*How to Win Friends and Influence People*）一书中阐述了这个概念，他说道：

> 如果你费尽心思让别人关注你，在两年内你能交到一些朋友；但如果你主动关注他们，在两个月内你就能交到更多的朋友。

放大招

实际上，公司需要保持一个平衡。考虑一下这两种情况：

1. 想象一下你在某次聚会或者社交场合中认识了一些人，他们讲的东西都是关于他们自己的。超过一定程度时，你当然会觉得很无聊，因为他们一直都在讲自己的事情，对吧？

2. 还是在这次聚会上，想象一下你认识了另外一些人，他们一直都在问一些关于你的问题。这时，你的心理和情绪决定了你会有两种可能的反应。一是当结束谈话时，你会感觉这个人是个挺好的朋友、一个"如此称职的倾听者"；二是当结束谈话时，这些源源不断的问题可能会让你觉得那人是个"包打听"。

这是两个极端的例子，但它们说明，无论是在我们个人生活还是在商业领域中，除开信任和尊重以外，最佳、最为牢固的人际关系都是建立在这两种基础之上：

■ 让别人关注你；

■ 主动关注别人。

我的意思是，要开始一场对话，你得展现出对某人某事感兴趣的样子才行。但如果你想要维持这段关系，持续地关注你的顾客或其他人也非常重要。

怎样放大招？

有很多数据显示，一些传统的营销手段再好，也不像以前那么有效了，最糟糕的时候甚至完全不管用了。即使是这样，很多公司仍然继续坚持"滔滔不绝"式的宣传方法。但是，你需要另外一种方法来和顾客建立可持续的关系，这种方法既能让你"主动关注别人"，也能"让别人开始关注你"。

要了解自己的市场营销情况，如果你因错失良机而没能与顾客建立更好的关系，你可以问自己这几个问题：

■ 在我的营销策略中，有哪些部分是想让别人关注自己，让他们对我感兴趣？它在我的营销策略中占比多少？

17

■ 在我的营销策略中，又有哪些部分集中于顾客的利益，能让我主动关注、联系和帮助他们？它们占比多少？

■ 这两者之间的平衡在哪里？

这些问题的答案能够给你一些线索，让你知道你在这两个部分中的不足之处。并且通过这些答案，你能找到你在下面这个矩阵图中所处的位置。接下来，制订一个计划，找到一条通往"挚友"这个位置的道路，从而拥有一种更为平衡的关系。

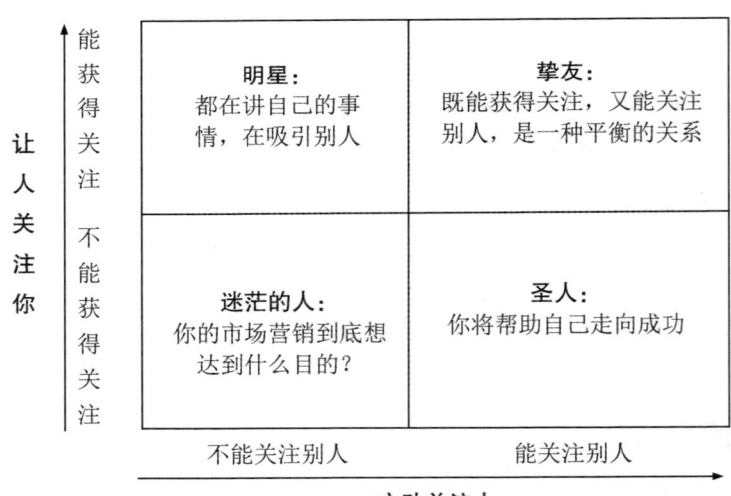

图4.1　"让人关注你"和"主动关注人"矩阵

大招 5　信任推动交易

若想提升顾客对你的信任度，可用此大招。

近年来，我们看到过一些大公司濒临破产，这背后有很多原因，比如管理不善、一系列不当销售的丑闻、财务危机、黑客行为、安全漏洞，以及其他破坏我们对周围企业信任度的事情。

事实上，根据"爱德曼信任度晴雨表"（Edelman Trust Barometer）[9]（该公司近 15 年来一直致力于追踪企业、政府、媒体和非政府组织的信任度）的调查显示：

■ 只有不到 20% 的人会相信公司在营销和广告中所说的话；

■ 人们认为学术界、工业领域、公司技术专家以及他们的同行都要比公司总裁靠谱一倍。

所以，在 21 世纪，公司面临的一个关键挑战是，如何与自己的客户建立、维护和改善这种信任。

在《共享经济》（*Extreme Trust*）一书中，唐·佩珀斯（Don Peppers）和玛莎·罗杰斯（Martha Rogers）[10]说过这一点，当"评判一家公司是看他们如何积极主动地维护顾客信任"时，公司发展就会产生新的动力。

放大招

SquareTrade 公司在这个方面做得不错，处于行业领先地位。他们不仅是世界领先的消费电子产品及配件质保服务供应商，同时也在这个行业有着超高的信任度，要知道这个行业在服务和透明度方面一直都不受信任。

史蒂夫·阿伯内西（Steve Abernethy）是 SquareTrade 公司的执行总裁和联合创始人，他在某次采访[11]中谈到：

■ 质保行业一直以来都被视为一个很差的行业，透明度低，而且服务不好。

■ 质保行业的模式是使成本最小化，这就使得顾客很难索赔，也就很难让顾客满意。

■ 所以，SquareTrade 公司决定这样做：

——让服务变得透明并且可以研究。这样消费者就能研究他们的质保产品，还能了解其他顾客对这些产品的评价。

——让索赔过程成为一种品牌宣传和服务体验，而不只是让成本最小化。

■ 他们的目标是培养终生顾客，而不只是从一次质保中获利。

■ 他们服务的成果和顾客给出的评价可以为公司代言。如今，他们在苹果应用商店（Apple App Store）里有 7000 多条评价，平均分是 4.5 分；在亚马逊网站（Amazon）有 35000 多条评价，平均分是 4.7 分；在谷歌上，他们也有 600 多条评价，平均分高达 4.9 分；以上分数满分都是 5 分。

怎样放大招？

现在的顾客如果想要选择一家公司，他们会越来越关注公司官网和第三方网站上的评价和反馈。但是有些公司仍然很排斥这种行为，因为他们总是担心差评所带来的后果，却不会想好评会给他们带来什么。

相比之下，Trustpilot 公司则比较开放，他们会关注顾客的评价，同时会与顾客进行线上交流。根据 Trustpilot 公司的前首席营销官简·杰森（Jan Jensen）所说，他们的调查显示："把自己公司'赚得'的信任度分数展示出来，能够吸引高达58%的更多顾客，让他们选择自己的公司。"[12]

所以，如果你相信自己正在做的，相信自己公司所提供的产品和服务的质量，想要在现在的市场占据一席之地，你需要做下面这两件事情：

1. 着手向你的顾客寻求评价和反馈。

2. 着手在公司网站和社交渠道上展示对你的评价。

不管怎样，你的顾客一定会谈论你。但通过收集并展示这些评价，你会在这些对话中获得自己的影响力。

大招 6 走进顾客的心里

> **若你想让顾客记住自己，可用此大招。**

现在，吸引并留住顾客对很多公司来说都比较困难。那些能成功吸引住顾客的公司，通常都有自己的品牌故事，会让顾客留下深刻的印象。

在《幸运饼干原则》（*The Fortune Cookie Principle*）[13]一书中，伯纳黛特·吉瓦（Bernadette Jiwa）很清楚地解释了这一点，她说：

> 每种产品或服务都附着两大要素："饼干"（这是产品本身固有的属性）和"幸运"（这是我们赋予其意义的部分）。

人们买的不是商品，而是商品带给他们的感受。

不仅如此，杰里米·怀特（Jeremy Waite）[14]在其 2015 年出版的《从生存到登顶》（*From Survival to Significance*）一书中提到，品牌成长空间又涌现出一片巨大的新天地，这片天地对于顾客群体、市场份额、消费社区乃至全球经济都有重要的作用。杰里米还在书中引用了另外一本畅销书《从为什么开始》（*Start with Why*）的作者西蒙·斯涅克（Simon Sinek）的话：

> 做生意的目的不是把产品卖给那些需要你产品的人，而是要卖给那些和你有相同观点的人。

也就是说，品牌的非凡意义只对特定人而不是所有人有效。

放大招

成功的公司把顾客的目标设为自己的目标并尽心为之努力；这样一来，他们就成了顾客选购之旅故事的"主角"。

汤姆斯布鞋（TOMS）是一家发展很快的鞋业公司，他们有个非常简单的理念，叫作"一对一"。每卖出一双鞋，这家公司就会给有需要的孩子捐赠一双鞋。自布雷克·麦考斯在 2006 年创立公司起，该公司已经捐赠了4500 多万双新鞋[15]，目前已将业务拓展至眼镜行业。

巴塔哥尼亚（Patagonia）是一家户外用品公司，该公司以其价值理念和对环境的关注，引领其顾客进行理性的有意识消费。

Hiut Denim 是一家牛仔裤制造商，由大卫·海厄特（David Hieatt）一手创立于英国卡迪根小镇。这家公司曾是英国最大的牛仔裤制造商，三四十年里平均每周要生产 35000 条牛仔裤[16]。牛仔裤被认为是有创造力的人群的标配，所以大卫一直都喜欢与有创造力的人为伍，他们的点子也总是能让大卫大受启迪。所以，在 Hiut Denium 公司，他坚持"在一个深刻了解卓越产品制作流程的卓越小镇做出一款卓越的产品，卖给这些卓越的人"。

怎样放大招？

现在的顾客越来越喜欢选择那些让他们有归属感的公司，这种归属感来自相同的价值观或相同的生活目标。

对很多公司来说，这种商业模式与之前大不相同，所以要打造自己的品牌或品牌故事，就要先明确自己的公司定位。要做到这一点，你需要在脑海中从终极目标开始，但这不是你的终极目标，比如你眼中的利润和销量；这个终极目标在顾客心中，所以你要清楚他们所想。

回答以下问题会帮你开始这个过程：

■ 当顾客购买你的产品和服务时，他们有什么感受？

■ 和他们自己的感受相比，你想让他们感受到什么？这两者有什么区别？

■ 你的公司代表了什么？

■ 你的公司的终极目标是什么？

■ 你的公司所代表的意义或者公司的终极目标会不会让顾客的生活发生改变？

■ 你的顾客在意的是什么？

■ 怎样做才能把公司的终极目标和顾客在意的东西有机结合起来？

大招 7 顾客行为总在变：设法验证你的猜想

若想要确保你没有对顾客做出错误的猜想，可用此大招。

当我们开始设计、打造并实施一项不错的客户体验——或是其他类似工作的时候——我们总会做出一些猜想，比如目标顾客是谁，他们喜欢什么，有什么偏好，以及对什么感兴趣，等等。

但现在顾客的行为时时刻刻都在发生着变化，我们能确保自己的猜想一直都是对的吗？

著名演员艾伦·艾尔达（Alan Alda）[17]的话可以给我们一些忠告：

你的猜想是你面向世界的一扇扇窗，你要不时把上面的灰尘擦掉，不然，外面的光照不进来。

放大招

下面的例子是我们广泛认同的一个猜想，但其也可能会有另一种解释。

猜想：人类的注意力持续时间正在缩短

美国国家生物技术信息中心（The US National Center for Bi-otechnology Information）[18]的报告显示，我们人类的注意力持续时间从 2000 年的 12 秒缩短至 2014 年的 8 秒。

可是，另外一些报告显示，金鱼的平均注意力持续时间为 9 秒！

但是，如果我们人类的注意力持续时间在缩短，那么像电影之类的东西不也应该越来越短吗？

问题就出在这里。实际上，事实正好相反！过去 20 年来，电影的时长一直在增加[19]。2014 年票房最高的五部电影平均时长为 142 分钟；而 1992 年，同样是票房最高的五部电影，平均时长只有 118 分钟。

事实上，虽然看起来是我们的注意力持续时间不再像之前那样长久，其实是由于我们比以前更容易忽略那些我们不感兴趣、不愿参与，或是没有价值、无益或无关的事情。

怎样放大招？

顾客的行为在发生改变，我们曾经对不同人群做出的猜想，比如他们的偏好，现在看来已经没那么有效了。所以，公司在对顾客做出猜想的时候要非常谨慎。

这对客户体验的打造和实施具有重要意义。要想知道怎样验证你的猜想，以下几点值得去做：

■ 明确你对自己的产品或服务以及目标市场所做出的猜想。

■ 清晰地写下你的猜想，并把它们列成清单。

■ 然后，把你的猜想和顾客的实际行为、想法还有价值观做比对。

你应该会为自己的发现连连惊叹！

大招 8　洞悉数据很好，实地体验和仔细观察更佳

若想更好地了解你的顾客，可用此大招。

商业媒体上充斥着各种关于"大数据"的消息，讲述其具有的种种潜力和无限商机，以及我们可以从与顾客息息相关的海量数据中学到什么，这些数据不仅存在于公司内部，还存在于网络和社交媒体上。

但是，我们要记住一点，数据无论其大小，它只是数据而已。只有对数据进行分析才能够识别市场趋势、分组顾客、探究具有统计学意义的重要事件。所以，记住这点很重要，"大数据"就只是一大堆数据而已……真正关键的是，我们怎样利用这些数据。

虽然利用大数据去了解顾客行为这一点很好，有时答案就摆在你眼前，但更多的时候这些答案往往掌握在你的顾客手里。

就像创作了知名歌曲视频《美联航弄坏吉他》（*United Breaks Guitars*）的戴夫·卡罗尔（Dave Carroll）所说[20]：

只要是跟顾客有关的数据，就没有不重要的部分。

能够洞察顾客行为的大数据很好，但是实际体验和细致地观察效果会更好。

放大招

这一招的绝佳范例是乐购（Tesco）的前首席执行官特里·莱西爵士（Sir Terry Leahy），在他的悉心经营下，乐购在短短 10 多年里从英国第三大超市发展成为全球第四大食品零售商[21]。在 2010 年卸任之前，他一直都很喜欢花时间和顾客交谈并观察他

们。事实上，据说他有四成的工作时间是待在店里与顾客交谈。

有评论员指出[22]，他的继任者偏离了这种工作方式和领导方式，这在很大程度上导致乐购公司在 2014 年和 2015 年出现很多问题。

想象一下，如果你采用莱西的方式，你会有怎样的洞察力？此外，你再想象一下，如果你一直坚持下去，会给你的顾客和员工带来怎样的影响？

2010 年《金融时报》（*The Financial Times*）[23]报道过特里爵士对乐购公司员工的影响：

特里爵士为他的员工传达了一种方向感并使他们相信——因为他花了大量时间待在店里，亲耳倾听顾客的声音——特里爵士理解他们的职责，并关心他们在做什么。

怎样放大招

1931 年，波兰裔美国籍科学家和哲学家阿尔弗雷德·科日布斯基（Alfred Korzybski）有句名言："地图不是领土"。他的意思是人们经常会把现实的模型和现实本身混为一谈。对于数据以及通过数据分析获得的顾客意见，这个道理也同样适用——它们也只是现实的表象而已。数据分析可能是有用的，但要注意不能完全依赖于此。我们还应该抽出一点时间去切身了解情况，比如花更多的时间让自己成为自己公司的顾客，或是好好观察你身边的顾客。

若想提升对顾客的洞察力，你就要多花点时间做这几件事情：

- 让自己成为公司的顾客；
- 服务你的顾客；

■ 和服务顾客的员工交谈，倾听他们的声音，向他们学习；

■ 在店里实时观察你的顾客；

■ 观察你的顾客在其他商家的行为，看他们是怎样互动、达成交易的。

相比其他方式，这样做能让你更快地获得切实有效的洞察力。当然，你也可以把这件事外包给代理机构，让他们去暗访，也可以交给你的下属团队去做。但是要注意，这样你就失云了从中获得情感洞察力的机会。

第二节

提高顾客参与度

前　言

很多公司一旦吸引了潜在客户就马上进入"推销"模式。如果你只想做这一锤子买卖，赚点小钱，你可以这样做。但如果你想和客户发展长期的合作关系，这一招可就不太管用了，因为这会把他们越推越远。顾客要的不是被你牵着鼻子走。所以，想要和他们建立理念共享、深度融合、忠诚互信的长远关系，你就得另辟蹊径，更加开放和大度，并设身处地地了解顾客的需求。而要建立这种关系，你得先了解你自己，了解现在的你和顾客是一种怎样的关系，还要知道该做些什么去改善这种关系，这些措施对于你获取顾客信任又意味着什么。

本节将会给大家提供一些营销大招，让你知道在现代社会中如何拉近与顾客的距离。本节的议题包括以下内容，比如为什么你需要真正了解你和顾客之间的关系并与他们真诚相对，怎样获取顾客的信任，怎样让顾客对你更感兴趣，为什么你所做的每件事对你的顾客都很重要。所有这些都说明在与顾客的深度融合中，换位思考和慷慨大方是多么重要！

大招 9 　了解你和顾客的关系

> 若想知道如何区分与顾客的不同关系，如何更好地管理和改善这些关系，可用此大招。

顾客和商家之间有多种关系。他们之间可能只是纯粹的交易关系，顾客知道他们要买什么，然后只是到店里买完就走了……他们也有可能会发展到合伙人的关系，顾客和商家协调一致、共同进退。

在现代社会，想要妥善管理并加深与顾客的关系，你必须要清楚你们之间是什么关系，这段关系发生过怎样的变化，顾客想跟你发展什么关系，你又想和他们发展什么关系。弄清楚这些问题，你才能真正着手做点什么。

放大招

设想一下，如果用人际关系分类的方法来对公司和顾客的关系进行分类，结果会怎么样？这会不会帮助我们更好地了解这种关系？我们公司和顾客属于哪种关系？如何才能让这段关系更好地发展下去？

看看这种分类方法怎么样：

关系类别／关系阶段	关系描述
约会期	你的顾客只会为你驻足一小会儿，他们想要多种选择，而不是将你看作唯一。也可以说，他们知道自己想要什么，但还没有找到唯一一个他们愿意合作的公司或品牌。他们就是来买东西的，可能会回购，但别抱太大希望。而且如果顾客真想回购的话，你很有可能需要打特价或打折了
一夜情	你做了个一锤子买卖，但顾客不想再来了。顾客可能是在冲动下买了东西，也可能是他们有特定的需求，或者当时的情况很特别。这些顾客回购的可能性几乎为零
热恋期	你和顾客相互了解，相互爱慕，越来越熟悉对方。你们双方都很忠诚，是彼此的唯一。你们都从这种关系中获益，热切地希望能相知相惜
订婚期	你和顾客都已经深深爱上了对方，所以你们给出了承诺，并规划了共同的未来。你们想要订立合同，开启一段新的关系
新婚期	现在你们真的有了紧密的联系，包括专卖价、会员特惠、老客特惠、优先服务、大特价……应有尽有。你们领了证，交换了结婚誓言。事实上，这段关系还有可能带来新的商机和投资。但你不能以为这就万事大吉了，万一哪天双方毁约或者一方出轨，局面就糟了
伴侣期	这和结婚差不多，但是没有那么正式，也没有婚书（合同）。但这并不意味着双方之间就没有承诺、爱和忠诚。当然也和结婚一样，就算没有婚书，万一毁约，后果同样不会好到哪里去

怎样放大招？

有一点公司要弄清楚，在不同的购物阶段，顾客与公司的关系是不同的，而且还要看公司属于哪种类型。这就要对不同的关系进行分类，才能更好地进行关系管理。不过，进行关系评估的过程中，公司要忠于事实。正如 First Direct 公司的前任总裁马克·马伦（Mark Mullen）[1]所说：

作为一家公司，你必须得搞清楚顾客对你有多少兴趣。

因此，如果你想要搞清楚你和顾客之间的关系到了哪种程度，就要做好以下这几步：

1. 认真审视你和顾客的关系，结果要忠于事实。

2. 计划一下，你觉得和顾客的关系应该是怎样的。

3. 咨询顾客，确认你们双方对于关系的看法是否一致。

4. 回过头来看看你的计划。

5. 以自己确立的顾客关系类型为目标，设计市场营销、顾客参与、社区服务活动，拉近和顾客的距离。

6. 定期审核一下你和顾客的关系（这种关系是动态的，在不停地变化）。

大招 10 主动出击才能建立信任

若想要建立一个更被顾客信任的公司，可用此大招。

什么是信任？在《牛津词典》上，"信任"的定义是这样的：坚信某人或某物的可靠性、真实性或能力。

《共享经济》一书的作者玛莎·罗杰斯和唐·佩珀斯认为，如果评判一家公司的标准是如何积极主动地维护顾客的信任，公司的发展就会有新的动力。

他们还说，要让顾客信赖自己，就要做好这三件事：

1. 事情要做对；

2. 做对的事情；

3. 要主动做事。

但是在这里，第三件事才最为关键，因为把事情做好还远远不够。你现在必须积极主动地向顾客展示和证明你是值得信赖的。公司再也不能把顾客的信任当作理所当然，他们得自己赚取信任，并为此不断努力。艾默生公司（Emerson）是一家面向全球的工业技术公司，业务范围很广。其高级行政副总裁查理·彼得斯（Charlie Peters）同样也认为信任是挣来的[2]，并且他坚信"公司有没有'竞争力'要看它能否赢得顾客的信任"。

放大招

在一次访谈中[3]，玛莎·罗杰斯和唐·佩珀斯继续以亚马逊公司为例，他们觉得这家公司在获取顾客信任方面做得非常不错。亚马逊会根据顾客的购买历史推荐产品，帮助顾客选购一些额外的商品。他们还会通过买家评价追踪顾客的商品使用情况，并推荐相应的补充产品给顾客。不仅如此，为了持续构建和顾客的相互信任，他们还在继续努力，比如，如果你在亚马逊上网购过一本书，那么当你再次下单购买同一本书时，它就会提醒你，确保这本书你没有买错。

怎样放大招？

我们知道要获取顾客的信任很难，而失去信任却很容易。

我们也都知道，现在顾客信任一家公司是因为这家公司的所作所为，而不是公司装修华丽的外观和精心制作的文案。

所以，要构建与顾客的互信，可以简单地从以下这些最基础的关系建立原则入手：

1. 以礼待人，对每位顾客更加礼貌；
2. 尊重每位顾客；
3. 答应了顾客的事情就一定要做到；
4. 先舍后有得（在自己获利之前，先让顾客受益）；
5. 要诚信；
6. 要开放。

但是，要将以上原则付诸实践并有所成效的话，你可以考虑使用积分卡或其他评价系统，这样你就能知道自己在这方面做得怎么样，哪里还有待提高。

大招 11　顾客信任的是和他们相似的人

若想让顾客帮你打造一个更值得信赖的品牌，可用此大招。

之前在本书中我提到过，根据爱德曼全球信任度调查[4]，"只有不到 20% 的人会相信公司在营销和广告中所说的话"。而且这项调查还显示，人们认为那些"专家"和"跟自己情况很像的人"的可信度是公司总裁的两倍。

这在电商方面尤其明显，电商公司很难与顾客建立信任。购买商品时，顾客也经常得不到可靠的建议。

许多行业的龙头企业十分了解这一点，他们会通过一些"专家"，比如学术专家、行业专家或技术专家来和顾客建立联系。还有些公司会利用"像你一样的人"，让他们的老顾客帮忙吸引新顾客。

放大招

Needle 公司是美国的一家软件公司，在支持者辅助商务方面处于领先地位。该公司的总裁兼首席运营官斯科特·普尔西费尔（Scott Pulsipher）率先提出通过"跟自己情况很像的人"进行销售的全新营销策略。在一次访谈中[5]，斯科特介绍了这种策略的运用方式：

■ 卡哈特公司（Carhartt）是美国一家销售技术工人工作服的公司，在 Needle 公司的帮助下，这家公司发现并联系上了他们的资深顾客。当顾客在卡哈特网站上浏览信息并做出某些特定行为时，网站会自动弹出一个邀请小窗口，询问他们需不需要咨询卡哈特的"资深顾客"，这些人能够帮忙解答商品选购方面的任何问题。

■ 所有的资深顾客都已通过个人资料和图片认证，他们是这家公司的粉丝，是非常了解公司产品的老顾客。

■ 如果顾客在小窗口上点击"好的"，那他们往往更容易找到心仪的产品，这有助于提高他们对产品的满意度和净推荐值，同时也会提高回购频率。

■ 此外，使用这种方法可以使自助购物顾客的转换率增加6~10倍，平均订单金额会增加10%~25%。

如何放大招？

有研究表明，相比所接触的公司员工，顾客更愿意相信那些和他们相似的人和技术专家。

公司要运用这些策略和顾客建立信任。想要做到这一点，你得学习那些龙头企业的做法，确保做好以下三件事：

■ 公司技术专家可以像销售部门的员工一样与顾客进行沟通。

■ 在审核公司的产品或服务时，尽量多雇用行业技术专家和学术名流。

■ 尽量把你的新顾客介绍给老顾客，这样他们就能直接从老顾客那里了解你公司的产品和服务。

大招 12 为提高顾客参与度，你必须愿意接受失败

若想明白如果顾客信任你的品牌，即使你失败他们也并不在意，可用此大招。

因为害怕失败，往往不敢主动做事或者尝试创新，这种情况太常见了。

然而，备受消费者信任的公司可能已经尝试了无数次，也失败了无数次。

比如苹果公司，看看他们发布了多少鸡肋产品[6]，还记得苹果 Lisa 电脑和苹果 U2 iPod 吗？

想要拉近与顾客的距离，提高顾客参与度并留住他们，你得积极尝试新事物，并且愿意接受失败。

放大招

畅销书作家赛斯·高汀（Seth Godin）就是个很好的例子。

早在 2012 年他就写了《伊卡洛斯骗局》（*The Icarus Deception*）这本书，书中讲述了在现代这个紧密相连的世界里，我们需要越来越多的人来创造艺术。赛斯笔下的"艺术"指的并不是那些与装饰和绘画相关的东西，而是那些将人们联系在一起，促使改变发生的事情。

但是在出版《伊卡洛斯骗局》时，赛斯并没有像以前那样和传统出版社合作并发行，而是在 Kickstarter 网站上发起众筹。

这样做风险很大，尤其是对于一个知名作家而言。之前从来没有人尝试过，如果失败的话，舆论压力也会很大。

然而，这个项目真的成功了！在众筹网站上发布消息后，3 小

时内就实现了 4 万美元的目标众筹额。最终，这个项目共获得了 4242 人的支持，共筹得资金 28.7342 万美元。我很自豪地说，我也是这项众筹活动的资助人之一。

在与赛斯的一次访谈中，我们谈起那本众筹的书时，他告诉我：

如果你不愿意接受失败，你就无法创造"艺术"。

如今，我们犯错的成本其实低得令人难以置信，但人们往往因为害怕而不愿踏出第一步。

我们常被教导回避高风险的事情。但《伊卡洛斯骗局》却告诉我们，如果做一件事情风险很高，回避和放弃可能是最糟的选择。

怎样放大招？

顾客希望并期待他们信任的品牌在继续创造价值的同时进行创新和尝试。他们也知道并非所有的创新都能成功。但顾客的信任是一种力量，足以让这些品牌在失败时站起来，继续繁荣发展。

所以，为了保持和增强顾客的信任度和参与度，你就要乐于尝试、创新，甚至接受失败。

要进行尝试和创新，关键在于公司要创造这样一种环境或者企业文化，允许小范围试验，允许人们在创新的过程中失败，并确保失败不会对公司或个人的前途带来致命的影响。同时，能让你从失败中总结教训，学习如何进行创新或者开创独特的事业。只要你能创造这样的环境或企业文化，那你之后的路就很好走了。

但你还得记住一点，那就是从小处做起。只有从小处开始创新，你才能积累足够多的经验去做更大的创新。

现在就开始尝试做一些有风险的事情吧。这是进行创新和学习的最好方式。

大招 13　做对顾客有利的决定：这是一种信念

若想理解为何做对顾客有利的决定，有时财务数据却背道而驰，可用此大招。

交易过程充满了计算和数据，比如公司预算、财务预测、财务损益表、运营分析、投资决策、商业论证、投资回报计算，等等。这样一来，决定做或不做，很大程度上是由财经数据或最终的理性决策所主导的。

但是，若我们想要改变与顾客的关系，拉近彼此的距离，那就很难去量化投资收益率，因为从本质上来说，这些都是属于感性范畴。

所以，很多公司不愿踏出这一步，不愿改变，不愿冒险，也不愿去做"对顾客有利"的决定，因为这些都无法通过商业论证。

但是，无法做出商业论证，并不是说这件事你就不该做。伏尔泰（Voltaire）曾经提出过一个很有趣的观点：

想让自己对某件事很有把握，你要么对它了如指掌，要么对它一无所知。

有时你得对一件事抱有足够的信念。

放大招

亚马逊是将这一大招应用得很好的一个范例。亚马逊是一家智能化程度高、商业理念成熟的创新型技术公司，他们广泛地利用数据分析、科学、数学和经济学的知识来进行公司经营和业务拓展的决策。而亚马逊的首席执行官杰夫·贝佐斯（Jeff Bezos）

在接受《哈佛商业评论》的采访时[8]，还提出了一些额外的有趣的生意经：

如果情形变得比较复杂，我们就要讨论怎样做才是对顾客最有利的，这样事情就变得简单了。然后我们把它当作一种信念，只要坚持这样做，长此以往，事情肯定能得到解决。我们现在没有办法去证明这种做法的对错。实际上，我们会不时地做些价格弹性的研究，每次的结果都告诉我们要涨价。但我们不会这样做，因为我们认为——我们再一次坚持这个信念——将价格控制在非常非常低的范围内，我们终会获得顾客的信任。长远看，这确实会让我们的自由现金流实现最大化。

有一点很有意思，虽然亚马逊广泛使用电子技术、经济学、金融学和数据分析的手段，但他们也知道这些手段的局限性，有时它们会阻止你做出对顾客最好的决策。

总之，亚马逊很清楚这个道理，要和顾客建立更好的互信关系，就得去做对顾客有利的事情，而忽略某些数据计算的结果。

怎样放大招？

对顾客有利的决定，不一定会得到标准的财务数据计算的支持，你有时需要相信自己的直觉，树立一种信念。

要搞清楚你公司的决策中有多少是基于财务数据计算的结果，哪些地方可能会让你失去与顾客建立良好互信的机会，试试回答以下这些问题：

■ 你最近放弃了多少个与顾客相关的创新项目？

■ 这其中有多少完全是由于财务数据计算的结果而中止或未能启动？

■ 这其中有多少原本可以拉近你和顾客的关系，却因无法通过商业论证而放弃？

　　■ 这其中有多少可以被称为"做正确的事情"？

　　■ 考虑到"做正确的事情"，你是不是应该回顾一下你的某些决定？

　　■ 今后在推出顾客服务和体验流程时，你是不是可以在顾及"做正确的事情"这一要素的情况下做些调整呢？

大招 14　怎样才能更吸引人

> 若你想让自己更吸引人，与顾客联系更加紧密，可用此大招。

为了吸引顾客，商家之间的竞争很大，而且越来越激烈。但可惜的是，在此过程中，很多公司为吸引顾客消耗了过多的成本，却只制造了比竞争对手更多的"噪声"。

但这些"噪声"不一定会产生更多对公司有用的东西。也许这能在短时间内吸引顾客的注意，却不能保证这种注意会持续较长的时间。

利用这些时间做些努力，让自己的公司变得更吸引人，与顾客联系更紧密，反而会产生意想不到的效果。

就像在生活中，如果你的公司让顾客更感兴趣，他们就会提到你这家公司，或者把你的公司推荐给别人。你就更有可能吸引到这些顾客，拉近和他们的距离，从而提高销量以及顾客的忠诚度。

放大招

杰西卡·哈吉（Jessica Hagy）是一位艺术家、畅销书作家，因其获奖博客"Indexed"[9]而闻名。她于 2011 年在《福布斯》（Forbes）杂志上发表了一篇文章，叫作"怎样变得更有趣（简单十步）"［How To Be More Interesting（In 10 Simple Steps）］[10]中提到过这个问题。这篇文章非常火，阅读量超过了 200 万。后来杰西卡就把这篇文章写成了一本书，叫作《其实你也可以很有趣》（How to Be Interesting：An Instruction Manual）。

一次采访杰西卡[11]时，她说有十种习惯和行为能够让你或你的公司变得更有趣。

十种习惯
去探索：保持好奇心，寻求新的创意、新的地方和新的观点。
分享你的发现：不是所有人都会看到或经历你所拥有的，所以和别人分享你的发现。
行动起来：主动出击，比什么都不做要好。
拥抱内心的与众不同：不要总和别人一样，不要总是隐藏自己的与众不同，发现自己的不同并拥抱它。
不忘初心：人们比较看好那些有着远大志向的公司，特别是那些除了赚钱以外还有更大目标的公司。
不要骄傲自大：自负和骄傲会遮蔽你的眼睛，让你看不到别人的专长。
勇于尝试：尝试一下，可能有时这种尝试没有效果。但是，如果你从来没有失败过，那么你也无法学到新东西。
不要随大流：只有追随者才会随大流，你也是这样的人吗？我以为你想做一个领导者。
敢想敢做：尝试新事物需要勇气，还要承担一定的风险。你是想纸上谈兵，还是将其变为现实呢？
忽略别人的指责：总有些人会警告你，说你偏离了正轨，或者试图拖你后腿。不要管他们！他们是在害怕，别让这种害怕影响你！

怎样放大招？

有趣是任何关系的核心要素，而在商业情境中，它是差异化经营、顾客吸引、顾客参与以及产品销售和宣传造势的真正驱动力。

但是，要变得更有趣，不是光靠运气就能实现，你得努力才行。公司要吸引顾客的眼球，就必须有所行动。

杰西卡给出了很多很好的建议，告诉我们可以在哪些方面变得更有趣。她说，首先要有好奇心，愿意去探索。这能让你找到各种不同的点子，这些点子能帮助你开发新的做事方式，并反思这些方式是否合理。

但是如果你觉得这有点难，那就从小事开始，从一件事开始。不过要确保你有所行动。

例如，从上面的列表中挑出一个习惯，想想该怎么做，然后行动起来，慢慢地你就会发现它的好处。

大招 15　同理心是提高顾客参与度的关键

若你想要了解顾客，培养同理心，真正设身处地从顾客角度着想，可用此大招。

大家都知道同理心的意思就是能够换位思考，"穿着别人的鞋走一段路"。在《牛津词典》中，"同理心"的定义是这样的：

能够体会和理解他人的情绪和想法。

从本质上来说，同理心是一种技能，像其他任何技能一样，我们可以培养它，从而让自己更能体会别人的感受。让自己的公司上下都具备这样的同理心，你的团队成员会更加理解诸如顾客参与度、员工敬业度、领导能力、客户服务、市场营销、市场变化以及企业文化等的巨大作用。

然而，很多公司都不知道如何才能培养同理心，让自己从顾客（或者员工）的角度来换位思考。

以下是一些公司失败之处及原因：

他们很少从顾客的角度出发来思考问题，而是把重点放在自己的产品和服务上。这样做就会断绝与顾客的沟通；也可能他们很疑惑，无法理解公司的做法为什么没能起到预期的作用。

他们没舍得在员工和顾客身上投入很多时间、精力、关心和资源。回过头来却在纳闷，当他们请求帮助时，为何几乎得不到员工和顾客的回应。

他们可能有一些关于同理心的思考，但若不采取任何行动表现出来，那也没有什么效果。

在一段关系中，同理心是使关系得以深入和紧密的基础，也是成为"我们"而不是"我"或者"你"的基础。如果顾客感受到你在为他们着想，他们就会少一些焦虑，和你走得更近，对你更加信任。

放大招

但是，我们在公司实际运营中如何才能培养和表现这种同理心呢？

西门子工业自动化与驱动技术集团（Siemens Industry Automation and Drive Technologies）是一个很好的例子，几年前我在英国客户体验奖[12]当评委的时候和这个公司打过照面。这家公司致力于帮助他们的客户改善运营效率、能源管理能力和提高生产部门的安全系数。为了在业务中激发同理心，也为了让顾客拥有更好的购物体验，他们会把领导团队中的成员定期或在特定时间段内"植入"到客户的公司中去代岗。这样安排能够让公司更加了解客户的业务，了解客户公司的工作重点、遇到的挑战，以及西门子公司可以在哪些方面做出调整或从哪里提升服务水平，从而更好地服务顾客。

怎样放大招？

要真正地吸引顾客，你得理解你的顾客，知道他们期待什么，想要什么，又有哪些担心。所以你的公司需要有同理心，而这种同理心的培养通常需要耗费大量的时间和精力。

做好这件事的关键就是多花些时间与顾客在一起，倾听他们的声音，从他们的角度来看事情。为此，西门子公司还让他们领导团队中的成员亲自进入顾客的公司。但这对于你的公司来说不一定合适，也可能不是最好的方式。

要开始培养公司的同理心，让自己和顾客更近，先回答下面几个问题：

■ 我们要怎样效仿西门子公司？

■ 我们怎样才能花更多的时间和顾客在一起，倾听他们的声音，从他们的角度来看事情？

■ 我们怎样才能让自己的员工换位思考，设身处地地站在顾客立场上思考问题？

这样做能够让你的公司具有更好的同理心和洞察力，会带来巨大的回报。

大招 16　不良企业行为会影响顾客体验、降低顾客参与度

若想知道公司每个人的行为会如何影响顾客体验，可用此大招。

公司能否提高顾客参与度并赢得顾客的信任，不仅仅在于员工是如何接待和服务顾客的，还会受到其他方面的影响，比如公司战略如何实施，其战略意味着什么，以及管理层的行为等。

放大招

降低顾客参与度的例子：

2013 年，英国很多大型能源公司对天然气费和电费实施了涨价，这两种能源的价格平均涨了 9%。这在消费者群体中引起了轩然大波，特别是当时的通货膨胀率已达 2.5% 左右。这则公告是在初冬时发布的，所以当时英国很多人都陷入了"燃料贫困"的境地。伦敦《旗帜晚报》（*Evening Standard*）[13]的一篇报道称：英国大型能源公司的投诉激增。

同样是在 2013 年，英国合作银行前任行长保罗・弗劳尔斯（Paul Flowers）因涉嫌非法贩卖毒品被捕而被革职。随后，Nunwood 咨询公司的卓越客户体验研究中心[14]发布了一份报告，该报告显示，合作银行在客户体验方面已经从英国 100 强企业榜单中退出。而前一年这家公司还在榜单的第 26 位。客户服务或体验在很大程度上依赖于客户的感知。因此，我们有理由假设：保罗・弗劳尔斯的行为让客户对银行产生了负面的看法，也极大地影响了银行的客户体验排名。

同样，亚马逊和星巴克在 2013 年年度客户体验的排名也有所下降，因为多篇报道指出这两家公司利用英国的政策避税，并明确报道了它们在英国实际缴纳的企业税。根据 Nunwood 咨询公司的报告，在连续 3 年排名第 1 后，亚马逊的排名下滑至第 4 位，而星巴克与合作银行一样，跌出了前 100 名。

这样的例子不只发生在 2013 年，也不只发生在英国，而是年复一年地在世界各地上演[15]。2015 年初，英国申诉专员服务机构（Ombudsman's Service）发布了一个名为《消费者行动跟踪调查》（*Consumer Action Monitor*）[16]的报告。该报告发现，2014 年消费者对产品或服务的投诉比 2013 年翻了一番。但这项调查最重要也最有趣的发现是，顾客越来越怀疑公司的动机，有 33% 的消费者认为大公司只在乎钱。

怎样放大招？

客户体验的很大一部分是感知。公司网站做得怎么样，员工是否友好，公司制度和程序是否遵守公德，公司领导在各种场合的表现如何等。然而，很多公司忽略了后面两个问题及其对客户体验产生的影响。

为了更好地理解公司行为和领导行为如何影响你拉近顾客，赢得他们的信任，你得回答下面这些问题：

■ 公司战略怎样符合顾客的期望？

■ 你是怎么知道的？

■ 你的员工和高管是公司的形象大使，他们做得有多好？

■ 你是怎么知道的？

■ 当人们在提到你的公司时，除了公司产品、服务和客户体验的质量外，他们还会关注其他方面吗？

■ 这些评价是负面的吗？

■ 得到这样的批评，是因为你做了什么？

■ 你准备怎样改善这种状况？

大招 17　围绕顾客关系进行革新

若想评估公司和顾客之间的关系是否平等，可用此大招。

在某些行业，提高顾客参与度时面临的最大障碍在于，这个行业本身愿意在多大程度上提高顾客参与度。很多情况下，如果公司和顾客处于长期合作关系，那么双方就会签订一份定期合同，规定其合作关系是 1 个月、半年、1 年、2 年、5 年甚至更长时间。

从公司的角度来说，这份合同在经济和财务上都具有重要意义，因为这样他们就能统筹资源，从而获取更大的利益，同时也能够保证公司未来的收入。不仅如此，如果合作中出现问题，有了这份合同，也能获得法律上的保障。

但对于某些顾客而言，具有法律效力的定期合同就像一个重大的承诺，这也会成为决定他们是否愿意参与该项业务的重要因素。不管你喜不喜欢，这样的合同会吓到一些企业和消费者。

有的公司很清楚这一点，所以他们会围绕提高顾客参与度进行革新，改进参与顾客事务的方式，调整合同条款，还会就与顾客关系的本质做出改善。

放大招

Consumer Cellular 就是一家这样的公司。这家公司是美国移动通信行业里一颗冉冉升起的新星。移动通信行业主要是与顾客签订定期服务合同，或者提供"即买即用"套餐。但这家公司取消了所有的服务合同，允许顾客在任何时点上下调整话费和套餐。这就既不涉及任何长期合约，也不会涉及违约罚金问题。

但真正的创新之处并不是他们做了什么，而是他们做出这种改变的原因。

在一次采访中[17]，Consumer Cellular 公司总裁也是联合创始人约翰·马里克（John Marick）说，虽然公司的利润全都取决于顾客的使用时长，但公司认为，如果不断地让利给顾客，让他们享受更好的服务，会让顾客的忠诚度提高。这样一来就不需要合同了。

约翰还提到，从顾客的角度来看，取消定期合同制让他们觉得自己和公司的关系更加"平等"。这不仅对顾客的感受和行为有很大的影响，对公司的行为也是如此。

这样做就不会出现合同制情况下的那种松懈。公司没有时间放松，相反，每一个时刻、每一个决定和每一次与顾客的互动都非常重要。

但这并不是说他们不能或者不会犯错，而是说他们必须一直专注于自己的服务和为消费者带来的价值，因为他们已经没有定期合同可以依靠了。

对他们来说，决定顾客忠诚度的不是一纸合同，而是他们所提供的服务和价值，以及与客户建立起来的情感"信用"或者过往的"信用记录"。

公司的财务、法律和风险管理部门可能不喜欢这种方式，但顾客却十分受用。根据 2013 年度消费者调查报告[18]，Consumer Cellular 公司的顾客满意度在全美无线通信服务行业中排名第一，而且该排名已经持续了 4 年。

怎样放大招？

在商业交易中，合同很常见，而且在顾客和公司的关系中起到十分重要的作用。

　　但有时合同也会对这种关系不利，会让人产生这种感觉：如果顾客与公司签订了合同，那么公司就不需要再想方设法继续参与顾客事务并为顾客带来最优质的服务了，因为他们之间已经有了契约关系。

　　Consumer Cellular 公司的故事告诉我们，已经有公司愿意围绕客户关系进行创新，并且这种创新又的确为他们带来了好处。

　　在很多商业交易的过程中，签订合同是一种默认的方式。因此，要确定自己该如何改变和顾客的关系，请回答以下这些问题：

■ 你和顾客之间的关系是平等的吗？

■ 在你的交易过程中，你会默认采用合同的方式吗？

■ 你的顾客对此有什么意见吗？

■ 你愿意学习 Consumer Cellular 公司的方式，不再和顾客签订合同吗？

■ 如果答案是愿意，那你准备什么时候开始，准备怎么做？

■ 如果答案是不愿意，那原因是什么？

■ 为了让顾客觉得你们之间的关系更为平等，你觉得自己还能做些什么？

大招 18　数据、隐私及其对顾客关系的影响

> 若想知道顾客的偏好数据及基于此数据的偏好管理是否存在风险，可用此大招。

现在通过顾客的在线行为、应用软件和智能手机等，公司能获得顾客一定量的隐私信息，越来越多的顾客对此表示担忧。事实上，2015 年民调机构舆观调查网（YouGov）的调查[19]显示：

在英国，72% 的消费者对他们网络上的个人信息表示担忧。

英国信息专员办公室（ICO）的进一步研究[20]也得到了类似的结论，他们发现：

85% 的人都很在意自己的个人信息是怎样被泄露出云或者被卖到其他机构的。

以及：

77% 的人担心一些企业或机构无法保证他们个人信息的安全。

但是，不同的人对个人隐私的关注点不同，且关注程度也不同。英国直销协会（DMA）为此提出了一种客户分类模板[21]，根据消费者对于隐私的态度将他们分成几类。

客户分类模板中描述的客户类型
实用主义者： 这类消费者很清楚公司要收集他们的信息，他们每次都会评估一下在信息交换中能否获利，例如能否使用一项新服务或改善现有的服务来决定是否提供个人信息。
充分保护者： 这类消费者一点也不想让公司获得自己的个人信息，即便有时候这可以让公司提供更好的服务，或者让服务更有针对它。
漠不关心者： 这类消费者根本不关心自己的个人信息是否泄漏，也不关心这些信息做何用途。

这样的分类很有帮助，但是它们可能忽略了一些细微差别，以及公司需要注意的其他类别。所以可以进一步看看下面的这个分类：

客户类型	具体描述
完全开放型	这类顾客比较信任拥有他们信息的公司。他们乐于接受技术、数据采集、信息跟踪和分享等方面的创新，以及由此带来的更个性化和更优质的服务
精挑细选型	这类顾客更有眼力。他们也像"完全开放型"顾客那样愿意分享自己的个人信息，但只限于分享给那些经过他们筛选并完全信任的品牌
偶尔分享型	这类顾客也很愿意分享自己的个人信息，但他们只愿意在适当的时候分享。在不合适的时候，他们就和"完全封闭型"顾客一样，不愿意透露个人信息，也不愿意被公司追踪
完全封闭型	这类顾客不愿意参与个人信息收集活动。因为他们不知道要收集多少信息，这些信息要做何用途，又会被共享给哪些人。他们只愿意自己研究，只和自己信任的公司交流。而且他们根本不怎么相信"私人定制"这类服务
毫不知情型	这类顾客可能是沉默的大多数，他们可能知道自己的信息被收集了，但不知道这些信息是什么，对自己有什么影响，以及他们自己能有哪些选择

如果公司对顾客的各种类型没有什么认识，并且还错误地估计了顾客的类型，甚至做出了错误的决定，那么这会让事情变得很糟糕，也会对自己的品牌和顾客关系造成严重的影响。

比如，2015 年 8 月，Spotify（声田）流媒体音乐平台遭遇了顾客的强烈抵制[22]，起因是该公司对隐私政策做出了调整，显著开放了权限，使其能从顾客的手机上获取更多的隐私信息。这些权限包括：准许获得和收集电子邮件地址、顾客生日信息、顾客当前定位和手机内图片的详细信息。Spotify 公司这项新的隐私政策还规定，所获取的部分数据将可能分享给广告商，但并没有明确指出将用于分享的个人信息的具体内容和具体的广告商。

此举遭到顾客的集体强烈反对，特别是在社交媒体上。很多用户关掉了自己的账户，取消了对该公司的订阅。

得知这一情况后，Spotify 公司的执行总裁马上做出了回应，在公司官网的博客上发布了一则道歉声明[23]，对公司的行为做出了解释，并主动告知用户，他们接下来将采取什么措施来解决这个问题。

类似的事情肯定还会发生。所以公司需要谨慎对待顾客有关个人隐私问题的情感态度和个人偏好，选取合适的信息收集方法，并在使用个人隐私信息方面计划周全。

面对这些关系到顾客隐私且受到顾客关注的问题，已经有人提出了新的解决方案和方法。客户主导关系管理系统就是其中一种，它可以让顾客自主掌控个人信息，并帮助顾客管理好那些用来与公司共享的信息。

放大招

麦浪网（MyWave）公司的执行总裁杰拉尔丁·麦克布莱德（Geraldine McBride）是客户主导关系管理系统领域的领航人，目前她正在开发新一代系统，该系统能够让顾客主导自己的数据信息及客户体验。

在一次采访中[24]，她描述了这个系统的优点：

■ 客户主导关系管理系统应用就像一个装在口袋里的私人助理，能够帮助顾客联系他们想要的品牌，还能帮助他们获取定制产品和服务，因此顾客享受的是一对一的个性化服务，而不再是一对多的大众化服务。

■ 对于企业来说，这样的应用系统能够填补顾客和公司的距离，提高客户参与度，因为它可以让顾客标记自己的偏好和购买意愿，也能进行私人定制，而公司也能采用新的、更具利润空间的商业模式，同时为顾客提供更好的服务体验。

■ 如果公司把所拥有的顾客信息分享给顾客，让他们在个人云空间中更新信息，那么公司就能和顾客进行实时且高度个性化的对话，真正了解到顾客想要什么，关注什么。

■ 假设顾客愿意选择这种方式，那么对公司来说会有两个好处：

——与顾客关系越来越好，越来越紧密；

——降低运营成本，因为他们再也不需要保存所有的顾客信息。

2014 年康筹时（Ctrl Shift）公司发布的报告[25]预计，通过使用类似于麦浪网这样的应用软件，英国为此可以省下了多达 160 亿英镑的资金。

怎样放大招？

未来几年中还会有更多关于数据和隐私问题的讨论。

客户主导关系管理系统及其类似系统在这一领域的作用日趋重要，但是如果公司要维护与顾客的关系，就要尽快与顾客交流，从而更好地了解顾客，了解他们对于数据信息、个人隐私和个人偏好的看法。这样就会尽量降低做出错误决策的风险，避免因此对公司品牌和与顾客的关系造成影响。

为更好地了解信息和隐私以及顾客的个人偏好，公司应该这样做：

- ■ 了解顾客对于信息和隐私的偏好，将他们妥善归类；
- ■ 与顾客进行交流沟通、达成一致；
- ■ 制订计划，行动起来。

大招 19　邀请顾客参与、打造美好的顾客体验

> 若想知道如何利用顾客的见解、能量和创意来打造美好的顾客体验，可用此大招。

早在 1998 年，史蒂夫·乔布斯（Steve Jobs）在《商业周刊》（*Business Week*）[26]中谈到：

通过小组讨论是很难进行产品设计的。很多时候，直到你把产品生产出来，人们才知道他们需要什么。

对某些公司来说可能确实如此，但现在更多公司都没有采纳乔布斯的建议，而是邀请顾客参与创新流程，或者让顾客成为公司商业模式的有机组成部分，通过这些方式来收集新点子。

此外，这些公司发现，邀请顾客参与创新能够很好地提高顾客参与度。

放大招

成功的例子

2014 年 5 月，麦当劳（Mc Donalds）[27]发起了"我的汉堡"活动，邀请社会公众参与设计和命名他们心目中的终极汉堡。所有获胜者设计的汉堡可以在英国的 1200 家分店正常销售，而且持续一个月。这次活动共收到了超过 98000 次投稿。

梦工厂（DreamWorks）是一家具有创新精神的电影公司，也是惠普公司（Hewlett-Packard）最具价值的客户之一。惠普公司曾邀请梦工厂就如何改进制作动画电影的惠普电脑提意见[28]。梦工厂的动画师告诉惠普公司，他们不喜欢电脑的 USB 接口设计，这些接口都位于电脑的背面，使得其他设备很难接入工作区。惠普公司接受了这个意见，并将 USB 接口挪了位置。惠普公司发现梦工厂的反馈意见非常有用，所以他们组建了一个专门的客户咨询小组，邀请了梦工厂和其他公司加入，其中有些是惠普的顾客，有些则不是。

续表

成功的例子
2008 年，星巴克建立了"我的星巴克好点子"网站（"My Starbucks Idea"website）[29]，鼓励顾客提交好的点子，以帮助公司设计更好的产品，以及如何提供更好的顾客体验，如何改善与顾客在线上社区的交流。从那以后，星巴克收到了超过 20 万条来自顾客的建议，后来还在线上社区为这些点子设置了投票流程，最后星巴克据此研发出了大约 300 个创新产品。
Threadless 公司[30]是一家创建于 2000 年的电商公司，以销售 T 恤出名。他们把顾客参与的概念提升到了一个新高度。该公司邀请世界各地的艺术家和设计师提交创意作品，然后在 Threadless 公司的线上社区进行评分，得分最高的那些作品会投入生产，并在线上销售。获胜的设计者同样可以获利，他们会获得版权费，还会得到公司送出的礼券[31]。

怎样放大招？

让顾客参与到设计过程，打造良好的顾客体验是提高顾客参与度的好方法，还能成为从中获取更多见解和创意的来源。

想要把这一招用在你的公司上，你要先问自己：
你能不能像惠普公司那样从组建顾客反馈小组中受益？
你能不能为自己的顾客组织一场比赛，让他们为新产品和服务提交自己的创意？或者说，你要怎样改善顾客体验？
你能不能邀请顾客为你设计产品？你愿不愿意与设计者分享新创意带来的利润？

要想了解更多关于如何让顾客帮助你打造更好的客户体验，可以看看我对马克·赫斯特（Mark Hurst）的采访，在这个采访中[32]，我们主要聊了他的一本书，叫作《让用户参与进来——如何打造好的产品和企业》（*Customers Included*：*How to Transform Products*，*Companies*，*and the World-With a Single Step*）[33]。

大招 20　顾客愿意为更好的服务多花钱

若想消除公司对顾客不愿为更好的服务或体验买单的忧虑，可用此大招。

很多公司常常抱怨他们总是被对手打败，因为对手的要价更低。但是当有人质疑他们不应该仅仅在价格上竞争时，他们却转而把矛头指向了顾客，抱怨顾客不愿为更好的服务多花钱。

这显然是不对的。

几个能证明反方观点的研究结果

2012 年，甲骨文公司（Oracle）的调查发现[34]，有 81% 的受访顾客愿意为更好的服务或体验多花钱。事实上，将近一半的顾客可以接受高达 5% 的涨价。

同年，美国运通公司（American Express）发现[35]，如果一家企业能提供良好的的顾客体验，约有三分之二的消费者愿意多花钱（平均涨幅可达 13%）。

2010 年，RightNow Technologies①公司发现[36]，84% 的受访消费者称，他们愿意为超级顾客体验多花钱。绝大多数顾客（88%）可以接受 5% 的涨价，而 62% 的顾客可以接受 10% 的涨价。但一个最有趣的数据是，有 11% 的顾客称为了获得更好的购物体验，可以接受 25% 的涨价。

放大招

看到这个结论时，很多公司是拒绝的。但是我们自己作为顾客的行为和经历说明，我们确实乐意为更好的服务多花钱。

---

　　①　译者注：美国一家为企业提供客户关系管理软件的公司，总部位于蒙大拿州的博兹曼市。该公司已被甲骨文公司收购，现在被称为甲骨文云服务。

■ 为什么坐火车的时候我们会买一等座？反正火车也不会跑得更快。

■ 为什么坐飞机的时候我们会购买优先登机服务？这个服务只是让我们的登机时间更早，在飞机上坐得更久。但其实飞机跟火车一样，不会因此飞得更快。

■ 网上购物时，我们经常愿意多花钱，只是为了让商家发货更快。

这个清单可以列得很长很长……

接下来这个例子中提到的公司就很清楚顾客愿意为更好的服务多花钱，这家公司也愿意将钱花在这个刀刃上。这是一家房地产代理商，位于约克郡的林妮和辛普森公司（Linley & Simpson）。他们在 2015 年 8 月推出了一项新服务[37]，让顾客根据客服人员的服务质量自行付费。推出这项措施前，公司做了很多研究，也仔细倾听了顾客们的想法。因此，公司给顾客提供了不同的选择，一方面，顾客仍然可以选择固定付费的方式；另一方面，他们也可以根据这项新的服务收费标准来评分决定，其服务佣金会在 0.5% 至 1.5% 之间变动，如果顾客评分为"完美"，那么费用为 1.5%，如果顾客评分是"不满意"，费用则会调低到 0.5%。

怎样放大招？

研究显示顾客会为更好的服务和购物体验多花钱。但对顾客涨价的决定往往会在公司内部遭到反对。这些反对的声音多是出于担心，担心公司因提供更好的服务或购物体验实施涨价后导致顾客逐渐流失。

有一个办法可以解决这个问题并在顾客身上进行测试，那就是推出一种"优质"风格的服务。这种服务的价格更高，但体验也更好，同时也保留你的常规服务。

　　你永远不知道，额外的"高级"服务可能会吸引一大波新顾客。

第三节

服务顾客

前　言

　　在吸引顾客和提高顾客参与度上你已经下了很多工夫，现在开始你就要集中精力服务顾客，让他们享受到简单而又难忘的服务体验。这样你也能打造一个平台，让顾客长期地信任你、支持你，还能提升产品销量。可是，服务顾客也是商业交易中最难的一个环节，其涉及范围很广，内容也很复杂。如果这个环节出现了问题，会导致负面情绪暴增。所以这一节主要是给大家介绍在现代社会中如何服务顾客，涉及以下话题：怎样让顾客的排队等待过程简单一些，怎样让细节决定成败，我们可以从行为科学中学到些什么来改善客户服务质量，为什么客户投诉是一次机会，客户服务中最重要的一些情绪，积极的客户服务会带夹什么好处，等等。

大招 21 顾客虽然讨厌等待，但等待的体验却可改善

若你的顾客有时需要等待，而你想要改善他们等待时的体验，可用此大招。

很多时候，顾客都不愿意等待或是排队，它们常会让顾客感到恼怒和沮丧。

这是因为，在大多数情况下，当我们想做点什么、买点什么、吃点什么、问点什么或者解决点什么问题的时候，我们只想马上做而不愿意拖延等待。

等待服务的过程常常会带来严重的后果，因为大多数人在等待时所感觉到的等待时间要远远高于实际的等待时间。有资料显示[1]，我们感觉到的等待时长会比实际的等待时长多 36%。Videlica 公司和 ContactBabel 公司的另一项研究[2]发现，那些打电话到客服联络中心在线排队等候的人觉得自己平均等待了 8 分钟之久，而实际上他们只平均等待了约 20 秒，顾客感觉的等待时长是他们实际等待时长的 24 倍！

但即便是这样，很多公司仍不愿意多花点时间来调查等待或排队对于客户服务或体验的影响。这可能是因为很多公司在设计排队系统时，考虑的主要是公司自身的运行流程，这使得顾客的排队体验往往被忽视，而公司还不知道这正是顾客在体验中倍感失望的地方。

尽管如此，排队有时候是无法避免的。大卫·迈斯特尔（David Maister）在《排队心理学》（*The Psychology of Waiting*

Lines）[3]中提到了一个有意思的观点：

　　排队过程中，排队本身不重要，重要的是人们在排队过程中的感受。

放大招

　　来自英国东萨塞克斯郡（East Sussex）一家起源于刘易斯市（Lewes）的连锁餐厅提供了一个极为成功的案例。这家连锁餐厅叫作比尔家厨（Bill's），现在已经发展成为全英连锁餐厅了。比尔家厨的布莱顿分店生意十分红火，到了周末尤其人多。餐厅里总是有顾客在排队等待就餐（有时候等待的队伍都排到了门外）。在这种情况下，餐厅采用了很多创新的技巧来管理排队过程。

他们采用了这些技巧：
与每位进门的顾客打招呼，并解释排队流程和当前状况。
尽量让顾客在餐厅里面排队，而不是让他们站到外面去。
为排队顾客分发菜单。
允许排队顾客点饮料。
随时和排队顾客保持沟通，告诉他们还需等待的时间，告诉他们前一桌吃完之后他们会坐在哪里。
这些技巧之所以有用是因为：和顾客打招呼、保持沟通会让他们觉得自己受到欢迎，减少对排队的焦虑。
给顾客分发菜单，允许他们在排队时提前点单或者点饮料，会让他们觉得购物体验已经开始了。
最后，不断为顾客更新预估的等待时间，告诉他们可能会坐在哪里，会让他们最后的等待过程看起来比较具体和确定。

　　所以，这些技巧让客户体验非常具有"黏性"。他们的排队管理技巧不一定百分之百管用，但大多数时候都起了作用，预计

有七到八成的顾客最终会选择留下来排队而不是走开。

怎样放大招

有时候顾客确实需要等一会儿才能获得服务或得到答复。但是如果不能改善顾客排队过程中的体验，公司就会失去机会。

如果你有顾客在排队，你也担心排队会造成公司的损失或者影响客户体验，回答下面的问题会对你有所帮助：

■ 如果顾客必须等待，你怎样做可以让他们的等待体验更有"黏性"？

■ 你怎样做才能在顾客等待时以一种吸引他们的方式来占用他们的时间？

■ 如果他们正在打电话，你能消除他们的等待，并给他们提供回电服务吗？

■ 你能让你的顾客在排队等候时就开始他们的购物之旅吗？

■ 你能给顾客滚动更新的信息，让他们知道还要等待多久吗？

大招 22　说顾客的语言

> 若想简化沟通语言，改善顾客服务，提高顾客参与度，可用此大招。

大多数公司因为懒惰懈怠、习惯使然或是其他原因，会使用以公司为主体的语言来解释自己的产品或服务。在一些偏向技术性的行业中，这个问题体现得尤为突出，比如医药行业、网页设计行业、建筑行业、会计行业、税务行业、保险行业、法律行业、工程行业等。

下面是国际简明语言协会（PLAIN）提供的一个极好的案例[4]，该案例来自保险行业。

以下为某保险公司给顾客的一封信的节选：

最近我们对公司电脑系统进行了升级，该系统将为尊贵的顾客提供更好的服务。也由此造成处理您保险续签文件的延期。您会发现本次交予您支付的账单有些许更改，您的年度保单被改签为11个月分期付款，由于付款分期数减少，您每月的费用将会增加。

下面则是该节选部分改用简明语言写成后的样子：

我们给您发送续签文件时有所延迟，因为我们对公司的电脑系统进行了升级，以便为顾客提供更好的服务。您的年度账单现在已经改成11期分期付款，不再是12期，所以每期的费用将略有增加。

我们可以看到，这则改写的信件是站在顾客的角度写的，所以他们在阅读时会很清楚发生了什么，对他们有什么影响。

所以，在和顾客沟通的时候要记住以下几点：

■ 他们并不总是知道你在做什么；

■ 他们对于服务质量的评价来自于很多方面，包括你怎样和他们沟通，你和他们沟通时用的是什么语言——而你的产品或服务只是其中很小的一部分。

■ 你公司的那些非核心业务恰恰对顾客如何评价你至关重要。

■ 顾客在他们不熟悉的领域评价你时，依靠的是在他们熟悉的领域中对你的评价。

所以，要让顾客更好地理解和感知他们的服务体验，使用顾客的语言很有帮助。这也会提高顾客参与度，让他们更加信任你，最终提高你公司的新顾客吸引率和顾客保留率。

放大招

以下这些例子告诉我们，尽管一些公司和行业正在努力提高他们的语言运用能力，但实际上，他们还有很长一段路要走：

实例：

2015 年 6 月，英国皇家医药协会（UK's Royal Pharmaceutical Society）[5] 发布了一项关于防晒霜使用的研究成果。该研究发现，消费者"极度缺乏对不同产品防晒指数的理解"，有 92% 的消费者不知道防晒霜包装表面的 SPF 指数并不代表该防晒霜能完全防止肌肤被晒伤。SPF 指数只是防止 UVB 紫外线辐射的指数，而防止更有危害的 UVA 紫外线辐射要看另外一个"星"标指数。

2014 年，英国一家叫作 Fairer Finance 的消费者机构公布了一项新的调查结果[6]。这项调查发现，当顾客想要在一家银行开户时，银行合同条款的字数差异巨大，有的多达 34000 字（汇丰银行），而有的只有 11000 字（全国银行，Nationwide）。汽车保险行业的顾客也面临类似的问题，合同条款的字数多少不等，有的保险公司字数多达 37000 字（恩兹利保险公司），有的只有不到 7000 字（LV 保险公司）。同样是撰写合同条款，为什么有些公司就比他们的对手简单得多呢？

续表

实例：

2015 年 3 月，爱尔兰国家成人扫盲机构（NALA）开展了一次健康扫盲调查[7]。该调查发现，39%的受访者更希望医生、护士和药师尽量少用技术和医学术语，多用易被理解的语言。而在 2007 年的调查中，这一数据仅为 33%。

怎样放大招？

用行业内部的专业术语来谈论你的业务很容易，但对于顾客而言，这样的语言往往不是最易于理解的，而且也会让他们更难参与进来。

回答下面这些问题能让你清楚自己有没有在使用顾客的语言，在这件事上公司还能做什么：

■ 你公司所在的行业是技术型的吗（即使只有一点点）？

■ 顾客能不能听懂你的语言？更好的情况是，你有没有使用顾客的语言？如果你给一个外行，比如你的奶奶，看看你和顾客的谈话记录样本，她能不能看懂？

■ 怎样知道你是否一直这样做？这个方法需要花费大量时间和精力，所以在匆忙或忙碌中，我们很容易用自己的专业语言，回到坏习惯中。所以要时刻关注自己，并定期检查，看看自己是不是在用简明易懂的语言与顾客交流。

■ 想知道你的顾客是怎么想的吗？问问他们，当你在解释自己的公司或服务时，他们能不能听懂？

大招 23 自然界害怕真空

若想明白公司和顾客的交流中有没有间隙，这些间隙会产生怎样的影响，可用此大招。

在物理学中有一个假设，叫作"horror vacui"，被译为"自然界害怕真空"。

在普通的语境下，这句话的意思是："在缺乏信息的情况下，我们会用别的东西来填满。"

这与我们的大脑运作有关系，如果没有新的信息，我们的大脑就会因为焦虑、害怕、紧张或者一系列其他的负面情绪而胡思乱想。

这也和提供客户体验大有关系。许多商务企业经常碰到一种情况：他们没有什么信息可以提供给顾客。但是，这并不意味着顾客就不想从他们这里获取信息，或者顾客不想和他们联系。

我们把这些间隙叫作顾客体验中的"真空地带"，如果这些间隙不能被填满，顾客心里就会出现那些我们不希望出现的负面情绪。

放大招

下面是一个联络"真空"的实例：

彼得（化名）是我的一个老朋友，现在四十出头。几个月前他中风了，这让我们都很震惊。

彼得中风之后，立马被送往医院。经过几个星期的治疗，一切好像都好起来了，他的身体恢复得也比较好。但在随后的一次常规扫描检查时，医生发现了一些可疑的地方。

这让彼得感觉不舒服。

彼得不断地询问医生自己的情况：扫描到底发现了什么，下一步他要怎么办。但护士们告诉彼得，这些事情他们也不知道，彼得只能等待医生的确诊信息。

所以他就一直等，一直等……

在彼得等待消息的同时，他的主治医生会诊了很多次，但还是没有人告诉他任何有关会诊进程的消息，他也不知道医生接下来会采取什么措施，什么时候会来给他复诊，对他的病情有何诊断。

事实上，彼得等待了好几天，希望诊断有个结果。

接着，医院又给彼得安排了一次扫描检查，又让他等了一段时间。最后，结果终于出来了。

这整个等待过程让彼得经历了沮丧失落、垂头丧气、神思不定、焦虑不安，他非常紧张。

彼得终于见到了他的主治医师，了解了自己的病情预后。医生告诉他，他们在彼得的脑部发现了一个肿瘤，不能手术摘除。接下来，医院立刻为他安排了化疗和放疗，以此来收缩肿瘤，延长他的生命。

彼得的故事告诉我们，等待消息，特别是在一段敏感焦虑的时期等待消息，会让人感觉时间过得很漫长。在这个故事里，还会对病人的体验造成很大的影响。

实际上，有研究显示[8]，在生命遇到危险的情况下，负面情绪会让我们非常关注时间的流逝，让我们感觉时间过得比实际时间更长。其他的研究也显示，如果我们要自己想办法摆脱这种情绪，时间会显得更加漫长。

　　有一点很清楚，彼得的主治医生忙于分析病人的检查结果，却在这个时刻忽略了病人自身。他们没有想到，在彼得等待结果的时候他会有什么感受，这会对他带来什么样的影响。

　　虽然等待是过程的一部分，无法避免。但我们可以关注一下等待过程是如何影响顾客的。

怎样放大招

　　虽然我们在努力为病人或顾客寻找解决方案，但也不能忽略顾客在等待过程中的感受，我们可以做些什么来让他们的等待更轻松一些。可以考虑一下他们的整体体验和实际体验。

　　不要让别人一直悬着，与他们保持沟通，及时告知相关信息，让他们知道事态的发展、下一步如何行动以及何时行动。即使只是提供一些事态进展的消息，也可以填补"真空"，让顾客得到慰藉，这与他们获知最终结果的效用相同。最后记住这一点，即使是像"目前还没有新的消息"或"我们暂时还无法告知"这样的回复，对于顾客或病人来说仍然是有用的。

大招 24   差评也能变好事

> 若想缓解公司对差评的担忧和焦虑，并将差评变成机遇，可用此大招。

购物时越来越多的消费者会阅读其他顾客的商品评价，并因此影响自身的购物决定，这已经是客观事实。实际上，已有研究证明[9]：

■ 77%的英国消费者在买东西之前会看商品评价。

■ 88%的消费者相信网上的评价，他们觉得这些评价和个人推荐同样可信。

■ 90%的消费者认为好评影响了他们做出购买的决定。

■ 86%的消费者说他们会受到差评的影响。

但是很多顾客不仅会看好评，他们也会留意差评。因为如果一家公司只有好评，那会让人产生怀疑。TrustPilot 公司前首席营销官简·延森（Jan Jensen）也认同这一点，他说自己在研究一家新公司时，总是会定期查看这家公司获得的差评[1]。他会从公司回复差评的过程中更好地了解了他们。

不过，还是有不少公司对网上的差评感到焦虑，并尽最大的努力避免它们。而事实上，公司得习惯差评，因为这在我们的生活中可能会时不时地出现。

所以，重要的不是去忽略这些顾客的差评和意见，而是要做好准备去处理和回应，同时从差评中吸取教训。公司应对投诉和差评的方式会向世人展示公司不为人知的另外一面。

放大招

大多数顾客都是很务实的，他们知道很多事在某些时刻可能会出错。

所以，另辟蹊径，让别人看到你努力应对和解决公司出现的问题（假设你做得很好），会对公司的信誉产生巨大的积极影响。

2012 年，美国市场分析公司 ClickFox 的一项品牌忠诚度研究很好地支持了这个说法[11]。这项研究发现：有 40% 的顾客说，如果一家公司解决了他们在购买产品的过程中遇到的问题，且解决的程度超出预期，他们就会被这家公司"征服"。

TripAdvisor（猫途鹰）[12]公司在一项研究中发现，87% 的游客"在发现酒店妥善地处理差评之后，会对这家酒店'顿生好感'"。

所以这一点无需多言。

怎样放大招？

没有哪家公司是一直完美的。因此，你有可能会在某个时刻得到顾客的差评。

而且，你还要意识到有些顾客在浏览公司的好评时，可能正在密切关注你是如何回应差评的。因为这样他们就能知道，如果在购买产品的过程中发生了问题，你的服务质量能有多好。

所以，如果你收到了差评，不要像其他公司那样：手忙脚乱，假装看不见，妄想没人会注意，然后试图用更多好评埋掉它。

你应该赶快回复这个差评，并想方设法尽快解决好其中的问题。这样做才可能留住那位顾客，并得到更多顾客的青睐。

大招 25　处理好细节问题

若想帮助公司识别并解决客户体验中损坏公司形象且让顾客难以忘怀的小麻烦，可用此大招。

为了改善客户服务或体验，不少公司和品牌会完全专注于如何在这个过程中加入让人眼前一亮的元素。这样做往往会使他们忽略一些细节问题，而这些问题通常会让顾客感到难受和失望。这种做法得不偿失。

这就像你即将去参加下一个会议，发现自己的鞋里有一块小石头，有些硌脚，但还没那么疼，虽然不用马上停下来把它拿掉，可它一直都在鞋里。当你终于到达了目的地，回想起这一路的经历时，你记得最清楚的事情是什么？一定是那块硌脚的石头吧。

这都是关于记忆是如何运作的，事实上，人们记得最清楚的往往是那些烦心和失望的事情。

玛雅·安吉罗（Maya Angelou）是美国的著名诗人和作家，她很好地总结了这一观点。她曾这样说[13]：

人们会忘记你说过的话，也会忘记你做过的事。但他们绝不会忘记你给他们带来的感受。

放大招

Ruter 公司是挪威奥斯陆（Oslo）的一家公交公司，他们利用这一原理来改善客户体验，并不断调查那些可能让顾客烦心、惹恼他们的行为。事实上，在发现这一招的强大力量之后，Ruter 公司的总裁甚至发表了一则声明，称即日起公司的战略就是"不再惹恼你"。

这样做让他和 Ruter 公司在挪威赢得了极大的尊重和信誉。

在实际运营中，Ruter 公司还做出了一系列细微的改进，比如当公交车还在等待发车的时候，他们会让顾客坐在车里等，而不是让他们站在车外面挨冻[14]。

怎样放大招

一直以来在客户体验中都会出现一些小问题，让顾客特别不舒服。公司往往坐视不管，但其实这些小问题不容忽视，因为恰恰是这些细节让顾客耿耿于怀。

如果公司想要识别并踢掉客户体验中的这些"硌脚石"，找出下面这两个问题的答案可以帮助你：

1. 请你的顾客回答这个问题："我们有没有做或曾经做过一些让你生气的事情？无论事情有多小，都请告诉我们。"

2. 请你的一线员工回答这个问题："在服务顾客的过程中，哪些问题总是反复出现？"

这两个问题的答案可以让你有个好的开始，也会给你提供一些必要的线索，来帮你踢掉客户体验中的小"硌脚石"，这样会让你的服务质量得到显著提高。

大招 26　首因效应与近因效应

若想理解并持续关注企业和顾客关系中那些最重要的时刻，可用此大招。

在心理学中，有一个概念叫作"系列位置效应"[15]（也被称为首因效应与近因效应），是由德国心理学家赫尔曼·艾宾浩斯（Hermann Ebbinghaus）[16]提出来的。艾宾浩斯在研究中发现一个规律，如果让人们记忆一份较长的名单，比起中间部分，他们更能记得住结尾部分（近因效应）和开头部分（首因效应）的内容。

如果我们把这个概念运用到亲密关系中，就会马上发现它的存在。比如，回想一下你曾经处过的一段男/女朋友的关系。在系列位置效应的作用下，你最有可能记得这段关系是如何开始的（第一次约会时的紧张不安，陷入爱河时的激动难耐，等等），以及这段关系是如何结束的（分手、吵架、心碎，等等）。

之所以会这样，是因为在这些时刻，我们的情绪波动达到了最高值，非常强烈。所以我们才会对这段关系的开始和结尾记忆犹新。

这个效应同样也存在于我们与顾客的关系中，所以也能为提高我们与顾客的关系质量提供一些帮助。

举个例子，假如你在一开始没有把握好和顾客的关系，没能让他留下什么深刻印象，那么他可能从此对你就只有这个印象，而这个印象一旦形成就很难改变了（诸如第一印象）。或者，如果你和顾客已经接触了一段时间，但互动很少或者互动效果不好的话，他们也会一直记得这种感觉，觉得你不太重视这单生意（感觉遇冷）。

我们得到的教训就是公司应该关注如何与顾客建立关系，以及如何培育或维护好这段关系。这也可能会决定公司能否在顾客服务、顾客忠诚度和顾客保留方面给顾客留下一个好印象。

放大招

2013 年，英国的一家百货零售商 Iceland[17] 很好地展示了如何把这个大招用在实际营销中。他们启动了一个营销方案，只有当顾客在卖场，如收银台或结账台时，才向他们分发一些个性化的优惠券，而不是把这些优惠券寄给他们。

其实这个方案也包含在他们 2012 年吸引顾客的策略中，但到了 2013 年，这个方案已经让公司：

■ 销售额大大提高，市场份额也变大了；

■ 顾客满意度显著提升，从原来的 65% 提升至 86%；

■ 收集了更多顾客的信息，使公司更了解顾客；

■ "福利卡"活动发放的会员卡数量达到史上最高；

■ 降低了 16% 的促销成本；

■ 将 2015 年的促销折扣券预算增加至 500 万欧元。

Iceland 的新营销方案发挥了首因效应与近因效应的作用，让顾客在购物体验的最后时刻获得了额外福利，使他们对"购物体验"留下了积极的印象。反过来，这加大了零售商被正面记住的可能性，也提升了顾客在卖场购物的满意度，从而获得顾客持续的忠诚。

怎样放大招？

我们都知道第一印象很重要，却忘了我们留给别人的最后印象也同样重要。首因效应与近因效应抓住了这一点，并帮助公司了解其能量和影响力。

想利用这一招，公司应该先问自己下面这几个问题：

■ 我们有没有一直在关注和顾客的关系？

■ 我们觉得首因效应与近因效应会影响顾客服务和关系吗？

■ 我们给顾客留下了怎样的第一印象？我们可以让这个印象更好吗？

■ 我们在最后一次和顾客的联络中给顾客留下了怎样的印象？这是个好印象吗？还可以更好吗？

这些问题将帮助你在打造客户体验和提供服务时更好地运用首因效应与近因效应。

大招 27　积少成多、量变引起质变

> 若想找到一个更行之有效的好方法来驱动业绩提升，可用此大招。

很多提升业绩、改善产品或服务质量的好见解并不是来自商界人士，而是来自不同的领域，比如体育、音乐、艺术，等等。

其中就有一个见解来自自行车运动领域，尤其是来自英国场地自行车队和英国天空职业自行车队的实践经验。这个大招是由戴维·布雷斯福德爵士（Sir Dave Brailsford）提出的，他是前英国国家自行车队（Team GB）的技术指导，现在执导于天空队（Team Sky）。他的方法蕴含着这样一个朴素的哲学思想：

把各种小小的边际收益汇集起来，就能积少成多、聚沙成塔。

2008 年北京奥运会前夕，戴维·布雷斯福德在一次采访中解释说[18]：

我们通常说，"各种小小的边际收益汇集起来"，意思就是我们要从每一个不同的任务中得到 1% 的收获；或者从你做的每一件事情中找到 1% 的提升空间。

这一大招的基本假设是：要在给定的时间内、给定的领域中得到 10% 的提升几乎是困难重重、令人生畏的，甚至是徒劳无功的。

但是，与其在这一领域提高 10%，不如在 10 个不同的领域中每一个提高 1%，这就容易多了，还会让自己充满信心。

这个方法之所以有用，是因为人们很容易踏出一小步，而不是一口吃下个大胖子。而且这样做会大大提高成功的可能性，会让你充满动力，促使你做出一系列改变，从而让你得到整体的提高。

最近 10 年，无论是布雷斯福德、英国场地自行车队还是天空职业自行车队，他们都取得了很多成就，这些成就不仅证明了他们技艺精湛，同时也体现出他们这些年在不断地努力，通过小小的"边际收益"获得了更大的进步。

放大招

> 多年以前，我和妻子去过一次马拉喀什（位于摩洛哥西南部），住在一家名为 Riad Dar Mimouna 的旅馆，旅馆位于老城区，相当不错。
>
> 我们是周四晚上抵达的。一到旅馆，老板就带我们看了房间，我们注意到的第一件事就是房间有两张单人床，而不是一张双人床。
>
> 因为当时已经很晚了，我们又特别累，就没有太在意这件事。所以我们就把两张床拼在一起，凑合着睡下了。但接下来发生的事让我们大吃一惊。
>
> 第二天我们出去了一整天，等回到酒店的时候，我们惊讶地发现，房间里的床换成了一张双人床，而我们根本没有跟酒店提起。床就这样换好了。正是这件事和其他很多小事，让我们对这家酒店留下了深刻的印象，令人难忘。

我认为，当我们在讨论良好的客户服务或打造难忘的客户体验时总是容易掉入一个陷阱，会认为良好的客服体验就是由公司来设计，通过培训员工以实现这一目标。但是，从我们入住 Riad Dar Mimouna 旅馆的体验中可以很明显地发现，他们一声不吭地为我们做了很多力所能及的小事，让我们觉得他们的服务非常好。

而如果你要提供这样的服务，你只能通过遴选、培训和支持一些敬业的员工以及给予顾客足够的关怀来实现。

良好的客户服务就是要倾听顾客的声音，并主动为他们做一些小事，而不是等他们来要求你做这些事，这就是你能够提升的那个"百分之一"。

怎样放大招

要让自己在某一个领域有很大的提高是很难的。但是，在很多不同的领域做出一些细小的改变，相对来说比较容易。戴维·布雷斯福德的方法以及英国国家自行车队和天空队的成就都体现了这一点。

想用这个方法提高服务质量，公司就要迎接下面这个挑战：

■ 你能列出自己的"布雷斯福德"清单吗？就是那些你觉得能在顾客服务或顾客体验方面轻松提升 1% 的领域。

要接受这个挑战，你需要做出一份行动列表，为提高客户服务打下基础。

此外，这个方法还有一个额外的好处，能让公司通过比较民主的方式选出可以提高的地方。比如，你可以让公司的每个人都来发现那 1%。这能帮助你发现更多可以提高的地方，做出更好的改变，从而更容易改善服务质量和提升顾客体验。

大招 28　让事情变简单

若要避免公司运营变得太复杂，若你想不断寻求机会、创造一种简化事物的企业文化，可用此大招。

关于简单化，请看下面两条语录。

著名爵士乐贝斯手查尔斯·明格斯（Charles Mingus）曾说[19]：

把简单的事情变复杂，这很常见；把复杂的事情变得简单再简单，这是创意。

法国数学家、物理学家和哲学家布莱斯·帕斯卡（Blaise Pascal）曾说[20]：

我本该把信写得更短，但我没有时间了。

这两条语录，虽相隔数百年，却都阐释了简单化的高雅格调、非凡意义和强大力量。两人都意识到追求简单才是真正的魔力所在。

自 2009 年以来，国际品牌代理公司 Siegal+Gale 一直都在追踪品牌塑造过程"简单化"的影响。他们发现，在这个日趋复杂的世界，"简单"使得公司在客户服务和客户体验中脱颖而出。他们还发现，那些致力于提供简单客户服务和体验的品牌收益更好[21]。

■ 自 2009 年以来，那些致力于提供更简单的客户体验的品牌，其股票指数超过了全球平均股票指数的 70%。

■ 70% 的消费者更有可能向别人推荐一项更简单的客户体验。

■ 38% 的消费者愿意为更简单的体验多花钱。

让服务或体验更简单是能值回票价的。

放大招

以下是一些公司的例子，这些公司正在挑战同行的一些现有做法，他们正在改写简单客户体验的定义。

挑战同行的例子

英国 Metro Bank（大都会银行）正在挑战其银行业同行的做法。他们找出顾客在一般银行业务体验中觉得困难的部分，然后针对这些难点推出相应的服务来解决问题。比如：

他们发现，正常的银行工作时间对许多顾客来说并不是很方便，所以他们决定将工作日的上班时间改为早上八点到晚上八点，且在周末也保持门店大部分时间开门。这样可以为顾客带来便利，让他们在有空的时候来银行办业务。

他们知道，开户后等待银行发新卡的过程会让顾客很烦。所以，来银行的顾客如果能提供正确的信息和资料，他们就可以马上为顾客开户，并让顾客在走出银行大门的同时拿到 ATM 卡。这一做法也适用于旧卡挂失：顾客只要来银行处理，就能直接拿到一张新卡。

他们知道，英国 25% 的家庭都养狗，狗的主人也不想让自己的爱犬被拴在银行外面等候。所以他们欢迎宠物狗进入银行网点，甚至给它们准备了狗粮和盛水碗。

快取眼镜（Fetch Eyewear）和眼镜在线（Glasses. com）正在大力降低在线购镜服务中顾客承担的风险和猜测。快取眼镜公司让顾客一次选择 6 款不同的镜架，公司把这些镜架寄给顾客，让顾客试戴 7 天，然后把不喜欢的镜架退回（退回的镜架公司包邮）。与此相似，眼镜在线公司允许顾客选择一副镜架及带度数的免费镜片。公司会把眼镜寄给顾客试戴 15 天。如果顾客对眼镜不满意，只需把眼镜寄回就行了。

英国的 OVO Energy 能源公司为提前缴费的顾客提供了一项新服务，免除了他们去实体店充值的烦恼。现在有了智能电表，这些提前缴费的顾客可以通过 APP、在线或短信等方式迅速完成充值。

怎样放大招？

让事情变得简单费时费力，还需做出选择。这可不容易，不仅需要体力和脑力，还需要情感上的努力，因为我们必须要做出选择，放弃或移除一些东西。但这也是一个持续的过程，因为追求简单的道路永无止境。

为了确保你在不断地为简化服务而想办法，就要定期问自己下面这个问题。它会让你知道你在这件事上下了多少工夫，以及你的行动有多规律。

■ 你最近做了些什么来简化公司提供给顾客的服务和体验？

此外，为了让你更好地开始追求简单，也要定期问自己下面这些问题：

■ 我们有哪些地方做得比较好？

■ 有哪些地方做得不够好？

■ 我们的顾客觉得哪些地方比较麻烦？

■ 我们的顾客觉得哪些地方比较简单？

■ 有哪些事我们应该停止做？

■ 有哪些事我们应该少做？

■ 有哪些事我们应该坚持做？

■ 有哪些事我们应该做得更多？

■ 有哪些事我们应该做得不同？

大招 29　行为科学及其对客户服务的启示

> 若想知道何时以及如何使用行为科学理念的最新发展来提高客户体验，可用此大招。

过去 10 年中，行为科学的研究成果让我们了解了人们是怎样决策的，为什么要做出决策，以及为什么以某种方式行事。

这也引起了商界越来越多的关注。而自 2010 年以来，英国政府官方支持的行为研究小组（BIT）一直在行为科学的应用方面起到了引领作用。这个小组诞生于唐宁街 10 号，但是，自 2014 年 2 月后，该小组转型为一家私营企业，分别由英国政府、内斯塔慈善机构及公司员工分享股权。

他们虽然主要致力于追踪公共服务、行业机构和政府政策等方面的变动，但也持续不断地向社会各界公布公司的工作业绩和最新研究进展，推广和应用行为科学的研究精华。2010 年，这家公司发布了一项 MINDSPACE 模型的研究成果，他们认为，这是对我们行为的九种最有力、最具非强制性影响的记忆。

MINDSPACE 要素	具体描述
传递信使（Messenger）	传递信息的人会给我们带来很大的影响
诱因反射（Incentives）	我们回应诱因/刺激的方式取决于可预测的心理捷径，比如极力避免失败
规范准则（Norms）	其他人的行事方法也会给我们带来很大的影响
默认设置（Defaults）	我们会"随大流"，做出预先设定好的选择
自发关注（Salience）	我们会不由自主地关注那些新奇的事情，或者和我们有关的事情

续表

MINDSPACE 要素	具体描述
原始反应（Priming）	我们的行为会受到潜意识反应的影响
情感关联（Affect）	我们的情感联系可以在很大程度上影响我们的行为
社交使命（Commitments）	我们会尽力实现自己对别人公开做出的承诺，也会对别人的行为做出回应
自我感知（Ego）	我们会用自己感觉较好的方式来采取行动

来源：© Crown Copyright 2012

如果把以上模型运用到商界的话，我们可以看到 MINDSPACE 中有很多因素会对决策过程产生巨大的影响。这也告诉我们，当顾客考虑是否购买一种产品或服务时，他们往往会受到一些外部的、与产品优势无关的因素的影响。

因此，在设计产品、客户服务或整体的客户体验时，商家要谨记这些信息。毕竟，正如应用行为科学专家尼古拉·瑙莫夫（Nicolae Naumof）在一次采访中所说[22]：

我们必须意识到，当我们在和顾客交谈或打交道时，我们不是在和史波克先生（Mr. Spock）①说话。

放大招

在 2010 年发布了 MINDSPACE 模型之后，BIT 小组继续开发并发布他们的 EAST 框架[23]，尝试将行为科学的研究更好地运用于实践中。他们发现，如果要鼓励一种行为或要研发一种新的产品或服务，就要考虑将其设计成这样：简单易行、引人注目、社会性强且时机恰当。

---

① 译者注：史波克先生（Mr. Spock）是电影《星际迷航》中瓦肯人与地球人的混血儿。瓦肯人是居住于瓦肯星的神秘民族，每一名瓦肯人从小就被训练压制情感，完全以逻辑方式思考。他们外形上的特点是都有一双尖耳朵和由于缺乏感情滋润而生成的冷峻面孔。

EAST 框架要素	具体描述	行动要素
简单易行	运用默认设置的影响，节约需要耗费的精力，让一切信息变得简单	自动将员工纳入公司养老金计划，允许他们选择不加入，而不是要求他们加入。这种方式可以有效地增加养老金储蓄。员工们也很喜欢这种方式，因为整个过程变简单了。事实上，那些最早采纳这一计划的大公司，前 6 个月中员工的参与度从 61% 上升到 83%
引人注目	我们很自然地会被一些设计精妙的东西吸引，比如图像和颜色，比如新奇的动机	英国车辆牌照局（DVLA）发现，向那些未给汽车缴税的人发送的催缴邮件中附上一张未缴税汽车的照片，纳税率会从 40% 上升至 49%
具社会性	向潜在顾客展示与他们处于相似情境的人如何处事，鼓励他们通过自己的社交圈传播这些想法和做法，并要求他们答应去帮助别人	英国税务海关总署（HMRC）通过邮件告诉人们，大多数人都在按时纳税，这个方法增加了按时纳税的概率。他们最成功的一封邮件使得按时纳税率增加了 5%
时机恰当	俗话说，"机不可失，时不再来"，所以要找出顾客最有可能接受一项请求或提议的时机。此外，我们更容易受到成本和收益的直接影响。不过，顾客所说的和他们实际做的并不一样。所以，要帮助他们识别行动的障碍，同时做出计划来克服它们	在法警上门的前 10 天，英国法院服务部门给那些要交罚款的人发送短信，提醒他们得交罚款了。此举增加了罚款缴纳的概率，收回的罚款比之前多了一倍

来源：ⓒ Behavioral Insights Ltd 2014. 未经允许不能转载、抄袭或发表。

怎样放大招？

行为科学领域的进步产生了很多非同寻常的新见解，其中有很多可以用来帮助我们改善服务，提高客户体验。不过，当你想运用这些理论时，你得先承认这两点：

1. 承认你是在和人打交道，人的行为会受到一系列因素的影响。

2. 承认没有完美的方案，也没有可以完全照搬的好点子，在你找到适用公司的最佳方案之前，你可能要不断地尝试。

你只有做到了这两点，下面这些问题和点子才可能帮助你在公司运营中引入行为科学的见解：

■ 首先，针对你的产品、服务或整体客户体验，对照 EAST 框架中的每一条，在 1~10 分的区间里给它们逐一打分，其中 10 分最好，1 分最差。

■ 你需要改进的地方有哪些？

■ 来一次头脑风暴，想想怎样才能更好地利用 EAST 框架改进它们。

■ 形成一个具体的行动计划，试试这些点子和方法是不是真的管用。

大招 30 找出并应对顾客的沉默投诉

> 顾客沉默投诉是存在的，若你想了解这种投诉，知道如何分辨出它们并妥善解决，可用此大招。

很多公司固步自封，满足于顾客现有的高满意度，却忽略了公司目前收到的投诉，觉得这些投诉并不重要。

但是，顾客不一定总是会告诉你他们不开心了。事实上，美国涛普万（TARP Wide）公司（现在叫 CX Act）[24] 1999 年的一项研究阐述了"沉默投诉"的问题。他们的研究发现，每 26 位不满意的顾客中，只有 1 位（仅约 4%）顾客会正式投诉。剩下的 25 位顾客都是"沉默投诉者"，他们往往会把自己的遭遇讲给所有的朋友和家人听，而且多半会下定决心，再也不会和这家公司或品牌打交道了。

可是为什么顾客不投诉呢？呼叫中心情商测验室（Call Centre IQ）发布的一篇名为《客户投诉心理学》（*The Psychology of Customer Complaints*）[25] 的文章中给出了更深刻的解释。文章指出，最能阻碍顾客投诉的事情有三件：

1. 顾客估计投诉并解决问题所需花费的时间和精力；
2. 顾客认为公司处理投诉的责任感有多强；
3. 顾客自身的性格类型、个性和偏好。

对于公司而言，深入了解、发现并处理这些"沉默"的投诉才是正道，因为这不仅可以帮助公司更长时间地留住顾客，还可以帮助公司提高提供优质服务的能力。

放大招

很多公司意识到了这一点，并通过他们的客户成功管理战略和团队来解决这些问题。Big Ass Fans 公司就是一个成功的案例。一次采访时[26]，该公司的执行总裁卡蕾·史密斯（Carey Smith）对笔者说，公司设立了客户支持小组，这个小组的责任就是找出顾客不喜欢的地方并妥善解决，这已成为公司过去几年业绩发展的核心动力。公司的收益从 2009 年的 3400 万美元猛增至 2014 年的 17500 万美元，增长了 5 倍。

Big Ass Fans 公司的方法

这个小组由戴夫·沃尔兹和卡蕾主管。戴夫告诉我，他们主要寻求的不是顾客对他们的温言赞语，而是要发现公司服务或产品使用过程中的各种小问题、小毛病。这样他们就能对症下药、立刻解决，并在之后把问题反馈给公司，让公司从中吸取经验教训、持续改进。

在实践操作中，戴夫会问顾客一系列很简单的问题：

你收到这个产品了吗？

你有什么问题吗？

一切都还好吗？

公司在处理每单交易时，首要目标就是让顾客满意，这一目标远比获取利润重要，且更受公司重视。他们的方法就是发现并逐一解决顾客可能会碰到的所有问题。这一方法给公司带来了很多改变，从包装设计到为与风扇配套的螺帽和螺栓提供气泡包装，再到为风扇的安装和使用设计做图片式说明书。

该公司有很多服务大招和改进意见都来自于戴夫和顾客的对话。很多公司却没有胆量做这件事情，因为在这个过程中找出来的问题往往会令公司害怕。

太多公司依赖顾客调查来获取反馈意见，他们发出反馈意见调查表，也是希望可以得到些反馈。但在 Big Ass Fans 公司的案例中，公司也同样发出了顾客反馈意见调查表，但不会对此产生依赖，相反，他们更注重从主动和顾客交谈中获取有用的信息。

怎样放大招？

不是所有不开心或者要投诉的顾客最后都会投诉。此外，有责任、有勇气的公司才敢于询问顾客的真实想法，因为有时候顾客的反馈可能是批判性的。

如果你认为自己的公司有可能存在这种"沉默"的投诉者，你可以试试下面的做法来应对：

■ 如果顾客反馈的回复率平均只在 5%～15% 之间，那么，要问自己这些问题：

——公司目前已有的顾客调查表或反馈流程中，有没有哪个的回复率更高？

——如果没有，在这些不回复的顾客中，有多少可能会是"沉默"的投诉者？

——这会不会是公司虽然没有收到很多投诉，却仍在流失顾客的原因？

——顾客对公司处理投诉的响应度或过程的预设，是不是成了他们和公司交流的障碍？

——他们是不是因为太害羞而不敢和你交流？

■ 此外，走出去和顾客直接交流吧。对于有实体店的公司来说，这可能更直接，因为实体店总能找到机会和顾客面对面交流。不过，那些只进行线上销售的商家也可以这样做，他们可以筛选一部分顾客，特别是那些只做过一次交易的顾客，或是那些以前经常光顾但现在不再来的老顾客，可以邀请他们通过电话或者电子邮件进行交流。一旦和他们联系上了，就要认真聆听他们的想法——不要以为顾客满意度调查可以取代这种方式。

大招 31　保证产品质量和服务流程的稳定是关键

若要减少客户服务因团队队员的能力和知识水平各有不同而存在的变数，可用此大招。

Consumerist. com 网站是消费者获取新闻与信息的重要来源，也是《消费者报告》（*Consumer Reports*）杂志的子公司。这个网站在 2013 年发表了一篇文章，叫作"要解决客户服务中的某些问题，回个电话即可"（*To Resolve Some Customer Service Froblems, Just Call Back*）[27]。在这篇文章中，他们建议那些第一次投诉未果的顾客"试试再打一个电话或者再发份邮件，找公司的其他人帮忙"。

这意味着如果顾客想要获得不错的服务，就要坚持不懈、持之以恒。这对顾客来说可能是个比较有效的方法，也不是不合理。我得承认我自己也曾一遍又一遍地打电话给客服，在复杂的电话菜单系统中奋力前行，或者不断地寻找我要的答案。

但是，要顾客这样做是对的吗？如果你的顾客必须要尝试很多次才能获得想要的服务，这难道不是更大的问题吗？

放大招

不久之前，我妻子遭遇了类似的问题。她发现自己的银行账户被冻结了，她自己什么都没做错，但她不得不给银行客服中心打很多次电话，这个问题才得以解决。

这件事的始末

当她发现这个问题时，她打电话给客服中心，跟客服人员陈述了问题，走完了所有关于安全性协议的流程，接听电话的客服人员跟她保证：问题解决了。之后，她等了一会儿以便让系统刷新，接着她再次尝试登录自己的账户。

但是，问题仍然存在。

她又打电话回去，这次接电话的是另外一个客服人员，他又走了一遍和之前一样的安全协议流程，并为由此造成的不便给她道了歉，之后告诉她，这个问题已经"解决"了。

然后，她又一次等待着系统刷新，再一次尝试登录账户。

可是问题仍然存在。

这一次我妻子已经很沮丧了，她非常生气。

接着她又打电话回去，跟第三个人讲了自己的问题。这一次，这个客服人员检查了一遍她的账户设置和银行的系统设置，马上找到了问题的症结。他再次就这个问题造成的不便道了歉，并告诉她现在问题已经解决了。

再一次经历了等待系统刷新等流程之后，我妻子再一次尝试登录账户。

成功了！唉，终于解脱了。

想想我妻子的遭遇，我的脑海里涌出诸多问题：

■ 这是一次好的客户服务吗？

■ 如果出现了这样的问题，这对客户体验有怎样的影响？

■ 为什么有的客服人员能马上解决问题，而有的客服人员得接到顾客的多次电话之后才能解决？

■ 他们这一天是不是过得很糟？

■ 他们和顾客、同事和老板之间的交流方式符合预期吗？

■ 他们所接受的训练是不是不太专业？

确实，对顾客来说，碰到这样的行为很让人恼火。但把这件事情先放在一边，我在想，当一个首席营销官、首席客户官或客服部主任发现，相当一部分顾客必须重复拨打电话才能获得想要的答复时，他们会怎么想。

怎样放大招

假设没有技术方面的问题，从我妻子的遭遇中可以很明显地发现，客服人员的能力和知识水平是不同的。我个人的经验也告诉我，这样的情况并不少见。

要解决这个问题，一个方法就是找出客服部中有哪些员工是"超级使用者"，并且请他们分享自己在处理难题或某些特定问题时的成功秘诀。

不过，公司也面临一个挑战。公司中很多的"超级使用者"会隐藏自己的实力和秘诀，这样他们才能保持自己的地位和重要性。这是人性的一部分（也是很失败的一部分）。知识就是力量，如此而已。而且他们可能觉得知识让他们有安全感。

但是，当公司想要改善客户服务以及整体的客户体验时，让这些知识公开并在同事之间相互分享是公司遇到的最大挑战之一。

所以，怎样做才能让这些"超级使用者"们愿意分享经验？这里有一些被证明很有效的好方法：

■ 发现你的"超级使用者"。

■ 认可他们——一直以来我们都喜欢得到别人的认可。

■ 给他们一些额外的头衔——如果有用的话，不妨称他们"专家"。

■ 邀请他们分享经验。

■ 邀请他们成为咨询团队的核心人员，并担任其他团队相关专业领域的助力。

■ 让他们辅导和培训其他人。

■ 不断给予他们认可，同时考虑给他们一些额外的奖励或提成，让他们继续发挥作用。

总体来说，这可能会在时间、精力、工资还有提成等方面多费些成本。但如果公司持续关注这个问题并推动相关举措，公司会在首次电话解决率、平均处理时间和净推荐值方面取得良好的效果。

大招 32　别用数字，用名字

从如何设计公司体系和流程，到如何指称公司顾客等一系列事情都会影响客户体验，若你想了解这一点，可用此大招。

很多公司都谈到要把顾客放在第一位，顾客是他们的重中之重。

可是，很多这样的公司，当你在听他们讲公司业务、公司账目或公司政策等东西时，几乎没有几家会真正直接地提及他们的顾客。

这不仅显示出很多公司是如何进行自我管理的，还显示出他们的组织方式是为了自己的利益和方便，而不是为了顾客的利益。

这与公司想要或声称更以顾客为中心、致力于为顾客提供更好服务的说法大相径庭。

放大招

最近我和自来水公司经历了这样一段故事：

- 自来水公司写信给我，说我的账户和地址信息有误。
- 我读了这封信。
- 这似乎是个笔误，很容易解决，所以我就给他们打了电话。
- 电话中，我把信件里提到的交易编号告诉他们。
- 但是他们在公司系统里找不到。

■ 于是我又把自己的全名、详细地址和邮编还有我的生日都告诉他们。

■ 但他们在系统中仍然找不到我，也找不到关于那封信的任何信息。

■ 接着，他们要我提供顾客编号，并解释说顾客编号是在系统中唯一的身份识别码！

■ 我手里并没有我的顾客编号（我不会把这东西随身携带吧），而且给我的信里也没有提到。电话就卡在这里了，如果我给不出这个号码，这事就没法继续。

■ 可当时我没什么时间在家里翻箱倒柜来找这个编号，这意味着我只能登录网上银行，从那上面找到我的直接扣款记录，那里有我当初给自来水公司每月水费直接扣款付费的初始设置信息。

■ 我就这样做了，问题解决。总算搞定。

这看起来有点像在发牢骚，而且我也理解为什么在数据库中查找字母数字代码更加容易。但是，作为顾客……唉，算了，不计较了。

他们信上的交易编号本来应该可以解决问题，要是不行的话，那我的全名、家庭地址、邮政编码和生日也应该管用了。

但是，要让我花更多精力，就为了给他们提供更多别的信息来解决他们犯下的错，这让我有点儿不爽。

站在顾客的角度，这种事情不应该发生。

怎样放大招？

顾客每次找你的时候，还得劳烦他们提供很多信息才能办成事，用这种方式管理你的信息和客户数据对你来说可能比较好，但这对实现客户服务的承诺或目标来说毫无益处。

通过观察你如何回复那些手里没有自己的账户号码、保单号码或会员号码的顾客，来对你的客户体验做一次耐压测试吧：

■ 你能足够快速地找到他们的信息吗？

■ 你有没有别的方式能够帮他们继续对话？

■ 你能建立并维护数据安全吗？

■ 如果不行的话，你应该考虑重新配置系统了。

高品质的服务始于把顾客当成活生生的人，而不是一串数字来对待。

大招 33　主动服务顾客

若你的服务很被动，而你想改变这种状况，想让自己的服务更有价值、服务顾客的过程更主动，可用此大招。

尽管主动为顾客提供服务已经不是个新概念了，但绝大多数公司现在仍然在客户服务方面很被动，这让我很惊讶。

为什么会这样？

有研究发现，其中一个最主要的原因就是，大多数公司的部门结构、运营方式和业绩考核都与积极主动的客户服务策略所要求的团结协作和跨职能工作相违背。

被动的客户服务既昂贵又缺乏吸引力，而且在额外资源和成本开销方面比主动服务花费更多。实际上，主动服务能节约成本，还能增加顾客参与的机会。

为什么公司应该考虑在自己的客户服务策略中多加一些主动的元素，以下提供了一些答案：

1. **可以让你有更多机会减少成本**。由撒贝欧（Sabio）公司和客户联系协会（Customer Contact Association）[28]完成的一项研究发现，在英国各呼叫中心的来电中，有25%~40%的来电是不必要或者可以避免的。这项研究显示，这些来电最常见的原因包括：顾客要询问发货的问题或追踪购物中后续环节的最新进展；他们还电话询问关于产品价格或合同条款的有关事宜；以及因为第一次打电话过去时问题没有解决而不得不再次致电呼叫中心等。这一研究结果也得到了企业执行委员会研究结论[29]的支持，他们发现呼叫中心有57%的来电是由于顾客在公司网站上找不到他们所需的信息导致的。

2. **顾客希望公司主动联系他们**。联络在线（inContact）公司的一项调查[30]显示，87%的受访顾客表示，如果涉及客服方面的事情，他们希望公司可以主动联系自己。同时，差不多四分之三（73%）的顾客在得到公司的主动联系且体验还不错之后，他们对这家公司的印象会产生正面的改观。

3. **主动服务顾客的策略可以节约成本，提高顾客的回头率**。Enkata 公司[31]融合前人的研究成果进一步发现，有效的主动服务顾客策略可以：

——在 12 个月内减少 20%～30% 的客服中心来电量；

——最多能减少呼叫中心 25% 的运营成本；

——对留住客户有积极影响，能将客户保留率提高 3%～5%。

这些数据非常清晰地将宝贵的商机展现在许多公司面前。

此外，呼叫中心软件提供商 CorvisaCloud 公司的总裁及首席信息官马特·劳茨（Matt Lautz）在一次采访中[32]进一步提到，主动服务顾客的策略"在顾客关系维护方面能有十倍的回报"。

放大招

对多个领先企业的研究发现，他们意识到在同行竞争、差异定位、公司发展等方面依赖被动的客户服务是不够的。这些公司已逐渐开始实行主动服务顾客的策略，既能节约成本、增加利润、提高顾客满意度和净推荐值，还能提高顾客参与度、顾客忠诚度和顾客保留率。

要找出公司在哪些地方可以更主动地服务客户，福雷斯特（Forester）公司的凯特·莱格特（Kate Leggett）2015 年在自己的博文中[33]指出了客户服务的发展趋势，她认为：

2015 年，我们希望各类机构会探索采取主动参与的方式……

要在顾客购物之前找到合适的时机解答他们的问题。

我们开始发现了这种主动服务的苗头，但我认为凯特和福里斯特公司在这条路上走得还不够远，给公司和顾客创造价值的机会不仅仅存在于购物之前，而是存在于整个购物过程中（购物前、购物中和购物后）。

下面是一些领先企业的成功实例，我们看看他们是如何在购物的全过程中实行主动服务策略的。

范例：

购物前：在潜在顾客成为真正顾客之前，就要开始主动服务了

美国美而廉租车公司（Budget Truck Rental）[34] 从 Intelliresponse 公司引进了智能虚拟客服人员，将其嵌入公司的网上自助服务工具中，为潜在顾客提供即时回复。实行这种方案后的前 7 个月里，这家公司呼叫中心的来电减少了 28%，节约的成本和增加的在线收入总计达 87.5 万美元。

类似的，巴拿马航空公司（Copa Airlines）[35] 也运用了同样的技术和方法，公司的咨询来电和访问量减少了 40%，从而能使他们的客服人员集中精力为顾客解决更为紧急和复杂的事务。

购物中：主动服务可以改善现有顾客的购物体验

美国电话电报公司（AT&T）目前正在使用 SundaySky 公司的一种名为智能视频的技术[36] 以减少新老顾客的"账单冲击"。如果顾客收到了第一张账单，但是没有搞清楚这份账单包括了哪些服务，他们就会感到很震惊，这就是"账单冲击"。账单冲击导致了大量的顾客来电。现在，每位新老顾客在收到账单时，还会收到一个为其量身定制的视频链接，这个视频为顾客解释了账单的所有组成部分。实行这样的策略让美国的电话电报公司大大减少了因"账单冲击"带来的顾客来电，增加了更多有价值的服务，比如无纸化账单，同时还提高了他们的净推荐值。

英国德本汉姆百货公司（Debenhams）[37] 目前采用了一种不同的方式，他们在公司网站上引入了综合性的导购服务，这样就大大降低了顾客退货和换货的概率，从而节约了成本，释放了资源，而且还提高了顾客的整体满意度。

购物后：主动服务可以维持甚至改善与顾客的关系

英国维珍传媒公司（Virgin Media）有大约 2500 位工程师为购买宽带服务的顾客提供免费服务。不过，在该公司的运营中，他们了解到平均有 10% 的上门服务预约没有达成，主要是因为这些顾客忘记了自己的预约。这对于维珍传媒来说是一笔不小的开支，也占用了很大的资源。所以公司现在开始在上门服务之前，会利用联通达公司（Contact Engine）[38] 的技术，提供多种渠道主动与顾客联系，确保顾客不会忘记服务预约。这样，那 10% 未能达成的上门服务数量大大减少了，从而使维珍传媒每年在资源利用和工程师人力成本方面节约了数百万英镑之多。与此同时，该公司的顾客满意度也提升了，净推荐值也增加了。

安格鲁水务公司（Anglian Water）是英国最大的水务公司之一，他们也在采用一些技术来主动地为顾客发布附近片区停水的提醒公告，这次是由科胜通公司（Aspect）[39] 提供技术支持。这一举措让该公司每年节省了数十万英镑的呼叫中心成本，同时也改善了顾客体验，因为他们收到了顾客的积极反馈。

怎样放大招？

所以，尽管主动服务顾客并不是一个新策略，因为我们看到了很多成功的商业案例，但我还是觉得有点痛心，因为更多的公司并没有将其作为一个可行的策略，尽管它对成本、顾客关系以及顾客满意度方面都有益。

不过，在更加深入的研究之后我们发现，阻碍公司实施该策略的主要障碍在于，它需要跨职能部门的团结协作。

为了克服这些障碍，让这个策略更好地落实，公司领导们应该：

1. **深入调查**：使用一些数据管理工具来识别顾客在整个购物周期中最常见的问题以及问题最多的领域。

2. **开发设计**：各部门通力协作，利用技术杠杆，为已识别的问题寻求合理的解决方案。顾客在购物的不同阶段会遇到不同的问题，这就需要公司各职能部门相互协作，从而保证公司能够开发设计并实施卓有成效的策略。

3. **计划和试点**：施行短平快措施，通过短时见效而得到公司的支持。大多数公司在提供客户服务时仍然很被动。因此，在引进一项主动服务的新方案时，很重要的一点就是在开始实施时选择公司内十分常见或成本高昂的问题领域进行试测。这些试测能够让公司验证假设、获取经验、短期见效，还能为今后的行动方案赢得支持。在英国的银行业中，First Direct 银行就是这种方法的主要支持者，他们引入了一个模拟"实验室"的概念[40]，将其作为测试服务新点子和新理念的载体。

4. **评估和调整**：试点能让公司吸取经验教训并做出适当调整，以此实现公司收益的最大化。当引入和实施主动服务顾客策略时先进行试点，能够确保公司将风险和对资源的要求降到最低，并且能从中吸取经验教训、对新策略进行灵活的调整。这样，当该策略正式实施时，能够为公司带来最大的收益。巴西Vivo 通信公司就因为采取了试点的方式而获益匪浅[41]。这家公司在推出一项新的手机账单支付服务时，通过试点深入了解了顾客在接受新服务时会产生的障碍，从而使该方案得以顺利地大规模推广。

5. **规模化推广**：试点方案一旦获得通过，就要在全公司各部门发布信息，统一接受并贯彻实施。公司通过灵活多变、团结协作的方式推出主动服务顾客的策略，能够让公司把风险降到最低，并且在实施过程中逐步获得显著收益。

这五个步骤的主要目的是实现在公司内部（各职能部门之间）和公司外部（公司与顾客）之间建立信任、拉近彼此关系，

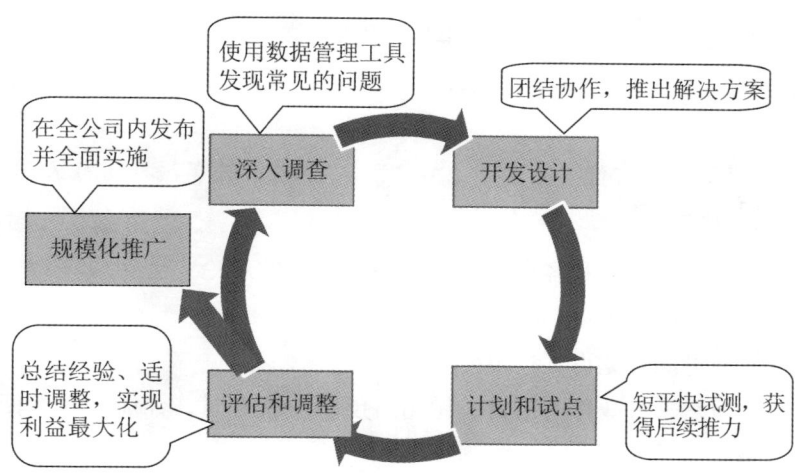

从而使公司和顾客都获益。

　　我希望有更多的公司都接受这个挑战，也希望未来在主动服务顾客方面看到更多有价值、有创意的新服务举措。

大招 34 重诺守诺，但无需多做

若想知道为何信守诺言无比重要，以及超出诺言预期的行为几乎没有回报，可用此大招。

在客户关系和客户服务中有一个常见的理论：公司应该致力于做到超出顾客预期。

你可能会觉得，这很公平。

但是，打败你的诺言，做超出预期的服务时，你能有什么回报吗？

2014 年，心理学期刊《社会心理学与人格科学》（*Social Psychological and Personality Science*）刊出了一篇文章[42]，作者阿耶莱特·格尼兹（Ayelet Gneezy）和尼古拉斯·艾普利（Nicholas Epley）指出：

一个人违背诺言要付出很大的代价，但做得超出诺言似乎也不会值回票价。

此外，2012 年，一家名为 Involve 的员工敬业度机构在纯商务情境下做了一项研究[43]，他们发现，如果公司未能兑现诺言将导致 68% 的顾客取消订阅服务，而且他们中的很多人不会回头。

放大招

几年前的一个夏天，在一个周四晚上大约 9 点的时候，我接到了一通银行的电话。

这是一个自动来电，在通过账户安全盘查后，自动语音要求我确认我的银行账户中最近几笔交易是不是我本人消费的。

我仔细聆听了这一系列交易中的详细信息，然后我告诉它我并不知道有这些交易存在。

刚回答完，我的电话就被转接到银行的一名反诈骗小组成员那里。这个工作人员跟我解释，作为防范诈骗的部分措施，银行会追踪和监视我银行账户上的交易，并将这些交易与我的历史交易记录对比，当他们发现有交易不"合常规"时就会发出警告。

和这个工作人员讨论了这几笔交易之后，我告诉她这几笔交易不是签单消费的，我对此毫不知情。于是她跟我说，我的银行卡信息很明显被窃取了。她会注销这张卡，给我申请一张新卡，停止账户上所有未完成的交易，并将已完成交易的钱款退回到我的账户。

电话快结束的时候，这名工作人员告诉我，我的旧卡已被注销，新卡申请已经完成。她继续说，我的新卡最多需要4个工作日才能到达。

因为银行已经帮我解除了银行账户诈骗的威胁，我觉得等待几天也没有什么关系。但由于通电话那天是周四晚上，而按正常流程我的新卡要到下周三才能拿到，我很庆幸自己的钱包里还有足够的现金和其他银行卡，足以让我撑过那几天。

然而，到了周六，我发现我的新卡已经投递到我的信箱，并且可以直接使用了。

我很惊讶，也很感激银行的处理速度这么快，尤其是那位工作人员还曾提到要4个工作日之后我才能收到新卡。

于是，作为客户服务和客户体验方面的专家，我开始回想这整个过程。

我开始思考，是不是这家银行和工作人员过度表现自己了？

还是他们只是在管理我的预期，给自己留下一些余地，从而让自己真正履行诺言？

我不知道。

不过，他们没有让我失望，并且信守了诺言。

我曾亲身体验过，也曾听说过许多故事，有太多的公司许诺，但最后却都食言了。这非常危险。

在客户服务、理解客户方面，许多公司能做的就是做出承诺，随后确保能够履行承诺。

怎样放大招？

在商界，经常听到有人说，公司应以提供超出顾客预期的服务为目标。但是，相关研究却并不支持这一断言。相反，研究发现，公司应该始终信守诺言，提供满足顾客预期的服务，但如果公司的服务超出了顾客预期，也不会有什么超值回报。

两个简单的启示
不要浪费太多时间考虑如何提供超出预期的服务。
公司应该花更多的时间确保实现所做出的任何承诺。

想了解自己做得怎么样，可以考虑以下做法：

■ 定期列出你公司做出的各种承诺，包括约见顾客、及时发货或是按当初的约定给某人打电话，等等。

■ 评估这些承诺的履行情况。

■ 如果你没能百分之百地履行这些基本的承诺，那你可能已经找到了一些能很好地提高公司服务的地方，改善它们将给公司带来客户服务、客户体验和客户保留的红利。

大招 35　顾客互助变容易，服务质量就提级

若你想建立一个顾客互助社区来改善公司的服务，可用此大招。

很多公司面临越来越激烈的市场竞争以及产品定价和成本方面的压力。但与此同时，人们也希望获得越来越好的客户服务和购物体验。

要协调好这两者之间的关系通常要付出很大的代价。

为了解决这个问题，很多公司都推出了顾客自助服务，从而能够以较低的成本为顾客提供他们想要的支持。事实上，福雷斯特公司的研究[44]显示，顾客也比较喜欢这类服务，多达 72% 的顾客表示，比起电话和电子邮件，他们更愿意使用自助服务。

所有的自助服务中，最有效同时也是最困难的方式之一就是建立顾客互助社区。

互助社区之所以有效，是因为大部分顾客的问题都不是新问题，如果有机会与以前碰到过类似问题的顾客一起交流就能很容易解决。此外，本书的其他部分也提到过，相对于商家和机构，顾客更倾向于信任彼此。

但是，顾客互助社区不是偶然发生的。你不能只是建立一个顾客互助社区，然后希望顾客之间的互帮互助就会自然地发生。

互助社区是需要人打造的。而且如果打造得好，它可以帮助公司节约成本，提高顾客的参与度和宣传度，还可以提高服务质量。

放大招

Zimbra 公司是社区合作软件的开发者，自 2008 年以来，这

家公司一直在帮助德州仪器公司（Texas Instruments）建立外部客户互助社区（德州仪器公司在全球约有 9 万名客户在使用他们的客户交流平台）和内部合作社区。

　　在一次采访中[45]，Zimbra 公司首席技术官罗布·霍华德（Rob Howard）提到，顾客交流社区可以为公司带来一系列好处，Zimbra 公司的一名客户使用这个社区减少了呼叫改向；另外一名客户（硬件制造商）发现，顾客使用交流社区后，购买率提高了 24%；还有一位客户使用社区的反馈信息来调整他们的生产过程，从而最大化地减少了顾客面临的问题。

　　罗布还给出了以下建议，能帮助你的顾客交流社区发挥作用：

小招数
在社区里发布一些独特的内容，以此吸引顾客加入社区。
允许顾客参与社区信息发布互动、为信息写评论、与其他人自由分享信息以及在信息中添加内容。
"技术型"人员通常被认为不擅长创造内容。但罗布不同意这一点，他认为"技术型"人员是非常好的内容设计者，而且他们非常乐于分享自己的知识。
事实上，罗布发现，比起客户支持人员，"技术型"人员更擅长创建内容，也更擅长在面向客户的交流论坛上操作。原因是他们能更深入地研究产品，为客户解决问题并完善未尽事宜。
为了让社区发挥作用：第一，要对该社区的商业目的做出定义，比如顾客支持、顾客服务还是内部协作，等等。第二，不要一开始就开展全线商业活动。从某一条业务线开始，或者从社区某一板块开始，在那里先试验，直至调整到位之后再进行全面推广。第三，授权你的社区管理员和优秀顾客，将社区游戏化可能会有帮助。Zimbra 公司发现，总有一小部分顾客如饥似渴地想做出贡献。你只要找到这些人，让他们参与社区互动，然后认可他们的参与就行了。
要让交流社区运转起来并成功开启社区内部协作，你可以"任命"一些人为公司的铁杆拥趸，或者公开承认他们为专家。这能够让他们承担的角色更有荣誉感，提高他们的参与度。

续表

小招数
在罗布的经验中，如果所提供的产品或服务比较复杂，交流平台的效果最好。
但是，如果你提供的产品或服务比较单一，当交流社区把注意力集中在产品或服务的实际应用方面时，交流平台将发挥更好的作用。
创建交流社区最有价值的地方在于它提供的数据和深入的观点。

怎样放大招？

如果顾客互助社区做得好，它可以创造非常可观的价值，并将公司的自助服务策略提升到一个新的高度。

所以，如果你正在考虑要打造自己的顾客互助平台来支持你的服务，罗布这里有一份清单，列出了"世界级交流社区"的9个特点[46]：

1. 要很清楚地知道你打造顾客交流社区的原因和目的。

2. 人们喜欢和真实的人交流，所以社区要个性化（比如个人主页要有照片、身份角色以及自我介绍）。如非必要，不要使用太有技术性的语言。

3. 要让顾客觉得自己受欢迎，有归属感。

4. 要让顾客很容易找到他们所需要的答案。

5. 要善于倾听社区的意见，从中学习。这能让你知道如何才能更好地改善产品或服务，甚至改善你经营公司的方式。

6. 要识别出最忠实的粉丝，和他们互动，他们将帮助你更好地打造你的社区。

7. 要理解为什么认可社区参与者的贡献可以帮助你。

8. 要有一套清晰的行为指南，确保人们知道如何执行。

9. 要在社区中设置会员和非会员。要让会员们觉得他们是特殊的，要给他们一些会员福利。

大招 36 客户体验中最持久的情绪

若你想知道客户体验中最危险、最具破坏性的情绪，以及如何应对这些情绪，可用此大招。

我对客户服务和客户体验中的情绪和心理方面的研究非常感兴趣。所以我一直在关注相关研究中新颖有趣的发现，它们可以为客户体验战略的决策提供一些新信息和新想法。

我曾经在心理博客（PsyBlog）上看过一篇研究报告[47]，这篇文章于 2015 年 2 月发表在《动机与情感》（*Motivation and Emotion*）[48]期刊中，作者是比利时鲁汶大学（University of Leuven）的菲利普·凡尔登（Philippe Verduyn）和萨斯基亚·拉夫里兹（Saskia Lavrijsen）。他们的研究主要是为了找出人类的哪些情绪持续时间最长，以及为什么这些情绪会这么持久。

他们发现，"悲伤/难过"是一种持续时间最长的情绪，因为它往往与我们生活中的重大事件有关，特别是那些影响深远的事件，比如丧亲之痛。他们还发现，"悲伤/难过"虽然是持续时间最长的情绪，而"沉思"（比如思考为什么会发生"这样的事情"）则是某些情绪更为持久的一个关键原因。

从客户服务或客户体验的角度来看，有一点很有趣，我们所提供的服务或体验也会令客户产生特定的情绪。但是，这个研究表明，越负面的情绪，比如失望和焦虑，似乎持续的时间越长。所以，在设计和提供客户服务时，我们应该把这些情绪因素考虑进来。

放大招

为将上述研究中的发现运用到客户服务和客户体验中去，我们假设高兴的顾客会有这些情绪：

- 惊讶，
- 感动，
- 感激，等等。

而如果未能给顾客提供好的服务，这些顾客的情绪将是：

- 失望，
- 生气，
- 愤怒，
- 焦虑，
- 紧张，等等。

把这两组顾客以及每种情绪的持续时间进行对比之后，我们发现，与获得良好服务的顾客情绪相比，如果我们未能提供良好的服务或在服务中存在问题，那么给顾客带来的负面情绪会比前者的持续时间长 3.5 倍。

由于这些负面情绪持续的时间更长，因此它们很可能会产生更大的影响，而且比那些积极情绪更容易被顾客牢记于心。

怎样放大招？

在客户体验中，情绪起着非常重要的作用。研究发现，那些因服务糟糕而产生的情绪在顾客心中徘徊最久。

所以，公司领导应该问自己下面这些问题：

- 公司的每一次客户服务和体验都很完美吗？
- 如果答案是肯定的，那公司就没什么可担心的了。

■ 如果答案是否定的，那公司的首要任务就是要尽量避免出现会让顾客产生失望、生气、愤怒、焦虑、紧张或其他负面情绪的情况。

这可能不如专注于取悦你的顾客那么吸引人，但它可能会给顾客的整体体验带来更大的影响，还会影响到顾客记住公司的方式以及他们对公司的看法。

大招 37　确保送货环节不是你的致命弱点

若想知道客户体验中的送货环节可能存在哪些问题，以及如何应对以确保它不会拖后腿，可用此大招。

通常，顾客在家里或办公室与送货员或上门服务人员打交道的过程可能是他们与你公司唯一的面对面接触。所以，这次体验将会决定你和顾客的整体关系。

在零售业送货方面，英国投递管理企业 Metapack 的安吉拉·奥康奈尔（Angela O'Conell）[49]认为，"如果顾客在送货环节体验不好，那么他们再次在这家零售商下单的可能性会降低 59%"。

但是，"送货"问题并不仅仅关乎零售行业，只要是与顾客有"服务"预约的行业都会面临这个问题。ContacteEngine 公司的马克·史密斯博士（Dr. Mark Smith）[50]指出，"10% 的预约服务最后都没能完成，从宽带安装到沙袋投递到医生门诊，等等"。

送货或预约服务的问题可能会产生巨大的成本，也会对客户体验产生负面的影响。但是这个方面的问题并没有得到公司应有的重视，因此也成了很多公司的致命弱点。

放大招

以下是两个关于送货问题以及两种不同解决方法的故事。

第一个案例有关一张新床的购买和配送。这件事和我的岳母有关，在这里就叫她玛丽吧。她要买一张新床并让商家送货上门。她买好了床，付了款，还和商家协商好了送货日期和具体的到货时间段。那天她还专门请了一天假，等着商家送货上门。从这里开始事情就有点儿不对了。首先，商家打电话来说要把送货时间从一开始约定好的上午挪到下午。接着，他们又再一次打电话过来，说他们得换一天送货，因为其中一个送货员发现床的一个零件不见了。没有这个零件，床就组装不了。所以玛丽生气了，她给客服打电话，可是客服人员的态度一点也不好，好像做错事的人是玛丽一样。客服还告诉她可能要支付额外的费用。玛丽忍无可忍，于是威胁客服说她会拒绝收货。直到那时，这个客服代表才表示他们可以在当天送货，公司将派其中一位送货员马上跑到三四英里远外的仓库去取那个不见了的零件，然后赶到玛丽家，这样玛丽的床就能装好了。

我要说的第二件事是我在网上预购的一本书。这本书一入库我就收到短信，告诉我该书已发货，将于四五天内送达。可是一个礼拜过去了，我还没有收到货，所以我就和书商联系了，跟他们说了这个情况。他们首先告诉我"不要担心，我们会为此事付全责"。不错哦，我立刻就放松了心情。然后他们解释说最近邮递服务出了点问题，问我是否愿意再等几天，看看这本书是否会送到。我同意了，于是又等了几天。但是过了说定的时间后，这本书还是没到，于是我又联系了书商，跟他们说明情况。他们说"没关系，我们会付全责"，还给我提供了三种解决方案：

■ 全额退款；

■ 把书款充值到我在他们公司的账户；

■ 换货，并且公司负责邮递费和包装费。

我选择了最后一种方案，因为我还是很想要这本书。几天之后我就收到了这本书。

这样高品质的服务经历让我将之告诉了周围好多朋友，向他们推荐这家书商的服务。

我认为在这两个案例中，产品的价格差异是无关紧要的，因为最重要的是，当顾客已经购买了一件商品并为送货服务买过单后，各家公司是如何反应的。不同情况下，公司在应对问题订单时的解决方式，会让公司失去或者赢得一位终生客户。

怎样放大招

没有哪家公司的送货环节是完美无缺的，无论公司如何努力。所以，如果送货环节出现了问题，公司应做好应对的准备。否则，这个问题可能会对整体的客户体验带来非常严重的负面影响。

因此，为了以防万一，公司应该：

■ 预估送货环节可能出现的多种情况。

■ 基于不同的情况，找出应对措施以便尽快解决问题。

■ 制订具体的实施过程和步骤流程，以帮助公司做出应对。

■ 在公司员工培训中加入新的流程和方法，让员工清楚问题来了如何应对。

■ 要明白公司不可能制订万全的应对方案，所以要给公司的员工授权，让他们在一定范围内发挥主动性，解决新问题。

■ 但是，如果问题难度超出授权范围，要给予员工指导，以便他们能及时有效地解决问题。

■ 监测公司的表现，从错误中吸取经验教训并做出调整，这才会让解决方案越来越好。

■ 最后，如果你把送货服务外包给别的公司，要谨慎、细致，确认好公司的送货标准和对外包公司服务质量的预期要求。毕竟送货服务是整体客户体验的最后一个环节。

大招 38　让顾客少花些精力

若想专注于让事情更简便，让顾客花的精力更少，以及了解为何这很重要，可用此大招。

企业执行委员会下属的客户联络委员会（Customer Contact Council）在 2010 年做了一项研究，针对 75000 多名消费者和顾客进行了调查，询问他们近期在各种消费渠道获得的客户服务体验。调查结果随后发表在《哈佛商业评论》中，得到的一个结论是"不要再设法取悦你的顾客了"[51]。

这项调查有两个重大发现，对客户服务和客户体验很有启示作用：

1. 取悦顾客并不会提高顾客忠诚度。不过，让顾客少花些精力解决问题倒是能让顾客更忠诚。

2. 发挥这一策略的作用，比如让顾客少花些精力，可以帮助公司改善客户服务、减少服务成本和顾客流失率。

放大招

在英国电信公司（British Telecom）任职的客户体验未来学家尼古拉·米勒德（Nicola Millard）多年来一直持续深耕这一问题。一次采访中[52]，她告诉我英国电信在全英各地开展的研究发现：

■ 顾客忠诚度在下降，只有一半的顾客说他们是忠诚的。

■ 顾客满意度和忠诚度是相关的。但满意的顾客并不一定是忠诚的。

■ 此外，英国电信与雷丁大学亨利商学院客户管理中心[53]的莫伊拉·克拉克（Moira Clark）合作的另外一项研究还发现：

　　——如果公司的服务让顾客满意，但他们却没留意到这一点，那就没多大意义。

　　——顾客满意度通常被视为一个"保健"因素（而非激励因素）。

　　——如果顾客很注重满意度，那就要确保公司的服务让他们满意。否则，就致力于让事情变得简单，且不断改进公司的产品和服务。

　　■ 在这项研究的基础上，英国电信正在打造一个叫作"让顾客方便"（Customer Easy）的理念，这个理念是基于"净推荐值"（NPS）[54][1]的方法。

　　■ 计算结果叫作"净方便值"（Net Easy Score），得分处于三个数值区间，其中-1分表示复杂，0分表示一般，+1分表示简单。

　　■ 现在，英国电信把这一理念运用到他们的消费部门，他们发现正的"净方便值"能够提高净推荐值。

　　■ 他们还发现，那些觉得服务很复杂的顾客更容易离开，而觉得服务很简单的顾客更有可能留下来。

　　■ 他们认为，公司客服中心很难影响净推荐值，但可以影响"净方便值"。因为客服中心可以比较不同渠道的"简单性"，且可以让它专注于对顾客有益之处。

　　■ 英国电信收集了近两年来顾客认为最简单和最复杂的服务渠道。他们发现，对于公司和顾客双方而言，信件邮寄最复杂，而在线咨询最简单。电话、互动语音应答以及电子邮件等方式则居中。

---

　　① 译者注：NPS（Net Promoter Score）又称净促进者得分，是顾客忠诚度分析指标，主要关注顾客口碑如何影响企业发展。

■ 最终，他们的数据显示"净方便值"与顾客忠诚度、顾客保留率和正推荐值高度相关。

怎样放大招？

顾客重视那些简单的、不需花费太多精力的服务和购物体验。所以，当考虑如何打造客户体验和购物之旅时，要问问你的方式是否能让顾客顺利买单且不费大力气，是否让服务变得简便。

如果不能，就要发现问题并优先解决。

此外，你要把注意力集中在以下地方：

■ 修复或打造那些顾客最可能使用的服务渠道，让顾客的购物之旅更方便。

■ 不要满足于解决手头的问题，还要想到顾客可能会遇到的类似问题，把这些问题也一并解决好。

■ 与那些不满意或经历过麻烦事的顾客联系，征求他们的意见，请他们提出建议，帮助你打造更简便的服务，让顾客花更少的精力。

■ 追踪你不得不对顾客说"不"或者"我们做不到"的次数，设法解决这些问题。这些问题可能指向公司的某项政策或流程，而这正好是造成顾客体验糟糕的根源。

大招 39　客户服务在改善之前会变得更差吗？

若想了解如何应对顾客越来越高的期望，可用此大招。

我们知道，提供优质服务的能力正逐渐成长为公司核心竞争力的来源。

但是，很多公司都赶不上市场的变化，以及顾客行为和预期的快速演变。

因此，虽然一直在努力，有些公司仍然面临着这样一个窘境，即顾客的预期和行为变化如此之快，在短期至中期内，他们无法跟上。

这可能意味着，在顾客眼中，有些公司所提供的服务在改善之前可能会变得更差。

放大招

下面的内容摘自 2015 年发表的两项英国研究，它们支持上述观点，并就公司的表现和顾客的想法提出了不同的视角和挑战。

从顾客视角来看：

英国 Ombudsman Service 公司是一家为通信、能源、房地产和特许经销等行业提供纠纷解决服务的公司。2015 年 1 月，该公司发布了一项名为"消费者行动跟踪调查"（*Consumer Action Monitor*）[55]的报告。报告显示，2014 年顾客正式向企业投诉的次数明显增加了，而且顾客更偏向于对投诉做细致的阐述。该调查发现：2014 年顾客对产品或服务的投诉共有6600 万次。与 2013 年相比，几乎翻了一番。

续表

从顾客视角来看:

2014 年，47% 的顾客在发现产品或服务存在问题时就会投诉；而 2013 年只有 34% 的顾客会这样做。

在顾客越来越多的投诉背后，是顾客对公司运营动机不断攀升的怀疑，有 33% 的顾客表示大公司只想赚钱。

80% 的顾客表示他们不会容忍不良服务，必会采取一定行动；而 2013 年只有 67% 的顾客会这样做。

公司的表现:

2015 年 3 月，Eptica 公司发布了其年度《多渠道客户体验研究》（*Multichannel Customer Experience Study*）[56]，评估了英国 100 家龙头企业的客户服务能力。该研究通过评估这些公司对通过网站、电子邮件、社交媒体以及在线咨询等客服通道发送的相关问题，各公司在不同渠道的回应情况。该研究的主要目的是复刻顾客体验，并通过不同渠道提供一系列有意义的结论。该研究的亮点如下：网站是提供客户服务的最佳渠道，受访公司平均成功解决了 64% 被提交的问题。与 2014 年相比这是很大的提升。但是该研究表示，表现最好和表现最差的公司之间差距越来越大，引发深思。

越来越多的公司通过电子邮件提供客户服务，总体而言，电子邮件的服务水平也提升了。不过，该研究也表示，电子邮件回复问题的准确性在下降。

2015 年，在社交平台上提供的客户服务在回应时间和准确度方面得到了很大的改善。但是，同样地，这种方式时好时坏，不太稳定。

在线咨询这种方式在准确性和回复速度方面是最好的。但似乎这种方式没能真正派上用场：25% 的受访公司会提供在线咨询，但在进行该项调查时，只有 9% 的公司让这种方式发挥了作用。

最终，该研究发现，尽管技术在不断提高，系统也在升级，但公司仍难以跨渠道提供一致的回应和答复。该研究指出，这会给顾客造成困惑，同时也增加了公司的运营成本。

这两个研究报告的结果综合起来显示：

■ 与公司改善服务的能力相比，顾客预期提升得更快。

■ 在顾客眼里，很多公司在改善服务之前可能会变得更糟，这种看法很危险。

怎样放大招？

顾客的预期在不断上升，而且他们越来越喜欢投诉。所以，公司得不断改善他们的服务和客户体验，并且加大投资，整合资源，提高各部门的服务能力。否则，他们将会面临越来越多的客户投诉。

不过，你也不必如此紧张，想在最短的时间内解决问题，这里有一个简单的方法，效果也很持久：

■ 先了解目前的情况；

■ 发现需要改进的地方；

■ 做个计划；

■ 落实计划；

■ 评估改进程度，看改进是否到位；

■ 从失败中吸取经验；

■ 再来一次。

打造这种良好的、可持续的客户体验对公司而言任重道远，我们要谨记"欲速则不达"这句老话。

大招 40　你的品牌属于哪种客户服务模型

> 若你想更好地了解公司如何提供客户服务、公司有哪些长处、有哪些地方尚待改进，可用此大招。

很多年来，市场营销人员和用户体验设计师们都通过用户分类模型[57]来帮助自己更好地了解用户、服务用户。他们所创造的模型往往是虚拟用户的详细资料，他们可能以类似或特定的方式使用某个网站、产品或服务。

用户模型还被应用于心理测试和性格测试中，让人们更好地了解自己和周围的人。

这两个领域的经验表明，了解你是谁、你想成为什么样的人，或者你想服务的对象是谁，在任何发展和完善的过程中都非常重要。

所以，如果我们通过用户模型来了解企业是如何服务顾客的，也会很管用。

企业的"客户服务模型"可以让企业更好地了解自身情况、服务风格、优势和劣势，以及如何改善或逐步转换他们的"模型"。此外，这些模型还能为客户服务或客户体验的转型计划提供战略说明。

放大招

2014 年末，科胜通公司（Aspect）发布了一项研究报告[58]，对客户服务的决策者进行了调查，侧重于决策者的资金投入、措施方法和情感态度。根据这项研究，科胜通公司为企业划分了五种客户服务模型：

模型	具体描述
传统保守型	这类公司非常注重取悦老顾客，总把他们放在第一位。他们会让员工努力把老顾客服务好。只有 5% 的公司表示，他们会花更多的精力吸引新顾客，而不是取悦老顾客。他们的重点是与顾客建立长期的合作关系，这需要与顾客进行更深的交流。所以他们接受新技术的过程往往比较缓慢，这可能会让那些希望通过推特、在线聊天或电子邮件沟通的顾客感到失望
老板要求型	这类公司对客户服务的热情都来自公司领导的要求。这些领导参与了从公司策略的制定到方案的落实，一直到后续评估的所有事情。这类公司已经开始利用技术来改善自己的服务体验，但他们还没能最有效地利用它
自我迷恋型	这类公司用尽了各种各样的新技术，而且他们觉得自己在客户服务方面做得很好。但是，他们的致命弱点就是自我感觉太好了：95% 的公司认为自己做的比顾客对自己的评价要好
洒脱随意型	这类公司的初衷很好，但是在对待客户服务的方法上过于随意。也就是说，他们在改善客户服务体验方面没有特设领导班子，没有与公司战略保持一致，没有考核标准，更难说新技术的运用。虽然他们能够提供不错的客户服务与体验，但这个过程缺乏稳定性和有效性
拘泥固执型	这类公司完全按公司政策和程序行事，不够人性化。公司在应对顾客方面为员工制定了严格的办事指南，但在为顾客解决一些较为复杂的问题时却缺乏灵活性和判断力。虽然这些公司声称服务顾客和留住顾客是公司要务，但他们并没有展现出感恩顾客的态度，也不太可能为顾客提供超出预期的服务

你能在这些模型中发现自己的公司或品牌吗？

怎样放大招？

使用客户服务模型能让公司深刻地了解自己的服务风格。选出最符合公司实际情况的一个或多个模型组合是让公司提高自我意识的一种做法。经验表明，在公司的发展过程中，最好也最有效的起点就是诚实地评估公司的类型及在发展中所处的位置。

因此，获得这种自我意识能让你发现公司的优势和劣势、公司个性和流程上的缺陷，以及如何通过增加一点有用的技术来获益。

不过，再回头看看这几种公司模型，如果我们把不同模型的优点列出来，也许可以拼凑出一个"理想的"或超级模型：

- 传统保守型对顾客的痴迷；
- 自我迷恋型对技术的热情；
- 老板要求型的高层参与；
- 拘泥固执型中政策的井井有条。

把这些优点结合起来，有助于创造这样一种客户服务方法或模型，它能够应对我们看得见的消费者偏好变化，同时还可以为公司创造不错的经济收益。

所以，你应该做到以下几点：

- 找出最能准确描述你公司客户服务的模型。如果你还不确定你的公司到底是哪一种，那就去科胜通公司的网站（www.aspect.com）上做一个客户服务模型测试。
- 在超级模型的四个维度上，以 10 分为限给每个维度打分。哪里做得比较好？哪里还需要改善？
- 如果你想要改善客户服务质量，这一练习可以让你快速地获得一个执行方案，帮助你明确必须集中精力做什么。

第四节

留住顾客

前　言

　　你已经完成了吸引新顾客的艰巨任务，现在你的工作就是要留住这些顾客、让他们满意并忠诚于你。有太多企业刚赢得新顾客就放松了，这是他们最致命的弱点，也是其持续经营的最大威胁。公司该如何吸引和留住顾客，如何维系与顾客的关系，这里面有许多学问。比如要明白你和顾客的想法是有差异的，如何通过应对投诉来提高顾客忠诚度？为何提高顾客忠诚度和保留率并不需要花费很高的成本？如何通过与顾客的互动来提高忠诚度？为何大多数的顾客忠诚计划并不能让顾客忠诚于你？为何在涉及顾客问题时，你永远不能自满？如何才能赢得顾客的忠诚？为何顾客的忠诚买不来？到底是什么决定了忠诚度？

大招 41 "桶中洞" 效应

若你想让公司意识到制定一套客户保留策略的重要性，可用此大招。

你知道这首童谣吗？

亲爱的丽莎，亲爱的丽莎，我的桶里有个洞，

我的桶里有个洞，亲爱的丽莎，一个洞，

那就把洞补上吧，亲爱的亨利，亲爱的亨利，亲爱的亨利，

那就把洞补上吧，亲爱的亨利，亲爱的亨利，把洞补上吧。

这首歌叫作《我的桶里有个洞》（*There's a Hole in My Bucket*），是孩子们最喜欢的童谣，相信你们很多人都听过这首歌，甚至可能唱过。这首歌讲的是亨利需要用桶子打点儿水，再用水打湿石头，用石头割下稻草，用稻草填补桶里的洞。可是他的桶里有个洞，就是打不了水……这是个死循环。

这首童谣想要传达的意思是，如果你的桶子不漏水，那就不用想着先把破桶子补好。

把这个道理运用到商业运营中，想想顾客保留率，也就是如何留住现有的客户，不让他们流失到竞争对手那里去。有一点很清楚，那就是一套可持续发展策略应该投入相当多的精力，想办法既要保留老客户又要吸引新客户。

但是，很多公司仍把绝大多数精力和资源放在吸引新客户上面，而在挽留老客户方面则纯靠运气。事实上，Econsultancy 咨询公司的一份报告[1]中提到，2014 年里，40% 的公司都把吸引新客户放在比挽留老客户更重要的位置，15% 的公司更关注挽留老客户，其余的 45% 则将两者看得同等重要。

除非你的公司刚刚起步，需要把所有精力用来吸引新客户，否则忽视挽留老客户的公司最后可能会不得不面对越来越艰难的销售目标达成之战。

举个例子，我有个朋友以前在英国最大的一家软件公司工作，分管其下属的一个部门。上任伊始，公司给他的任务是客户数量每年要有 10% 的增长率。但是，这个部门每年也在流失客户，而且流失率也达到了 10%。这意味着如果他不想办法阻止客户流失，他实际上需要让公司的客户增长率达到每年 20%。

我把这种情况称为"桶中洞"效应。如果你的新客户增长率和现有的客户流失率相同，那么你把所有的精力都用于吸引新客户有什么意义呢？如果有这样一种策略，能够在吸引新客户的同时"修补漏洞"，将客户流失率降到最低，岂不是更好吗？

尽力修补一个"漏水的桶"能节约时间和精力，帮你打造公司品牌，让公司可持续发展。

放大招

让我们来看看这些数据，它们会告诉我们"桶中洞"效应的威力。比如：

■ 根据 2013 年哈佛商学院《实战新知》（*Working Knowledge*）[1]上由奥雷利·莱蒙斯（Aurélie Lemmens）和苏尼尔·古普塔（Sunil Gupta）发布的一则报道[2]，美国信用卡公司每年的客户流失率达到 20%，而欧洲手机公司每年的客户流失率达到 20% ~ 38%。

■ 在阻止"客户流失"方面，2010 年美国必能宝公司（Pitney Bowes）的研究[3]让美国、英国以及欧洲各类 B2B（企业对

---

① 译者注：哈佛商学院出版的网络周刊。

企业）行业对客户流失问题有了更为全面的认识。他们发现 B2B 行业年度平均客户流失率达到 11%，但不同行业的流失率大有不同。

下面是不同 B2B 行业的年度平均客户流失率：

- 办公用品行业：24%
- 保险行业：16%
- 互联网服务行业：16%
- 银行服务业：13%
- IT 技术支持行业：12%
- 电力供应行业：11%
- 会计行业：6%
- 律师行业：5%

这个研究还列举了一些客户流失的原因，下面以降序排列（重要性由高到低）：

- 客户服务速度慢
- 产品发货延迟
- 未询问顾客的需求
- 未能与顾客保持联系
- 未能及时告知产品更新和研发进展
- 客服呼叫中心不能解决问题
- 不重视顾客的利益
- 营销内容和产品无关
- 只接受电子邮件的咨询方式
- 不提供网上自助服务
- 营销模式低级，产品可见性低

现在想想，如果你把公司的部分资源用于解决以上的某些问题，将会对你保留客户产生怎样的影响？

怎样放大招？

稳健的客户保留策略是公司可持续发展的基石。如果你没能好好做到留住顾客，那你为何要花大气力发现、吸引并服务顾客呢？

想要知道自己的公司有多重视客户保留，你应该：

■ 第一，计算出公司的客户流失率：

客户流失率＝一段期间内流失的客户数量÷该期间之初的客户总量。

■ 第二，搞清楚自己的营销预算里有多少是用于客户保留的。

这两个数字会告诉你，你有多重视现有顾客，有多关心他们以及花了多少精力留住他们。

如果你不满意这两个数字，那就尽力改变它们。

大招 42　认知差异确实存在且很重要

若你想知道公司在实施客户体验计划中的盲点及如何破解，可用此大招。

早在 1955 年，美国心理学家约瑟夫·鲁夫特（Joseph Luft）和哈林顿·英格拉姆（Harrington Ingham）在洛杉矶的加州大学研究团体动力学时设计了"约哈里之窗模型"（the Johari Window Model）。该模型用于解释个人和团体之间存在的认知差异。在这个模型中（见下表），有四块区域：

1. **开放区**：自己知道，别人也知道的信息。
2. **盲目区**：自己不知道，但别人知道的信息。
3. **隐秘区**：自己知道，但别人不知道的信息。
4. **未知区**：自己不知道，别人也不知道的信息。

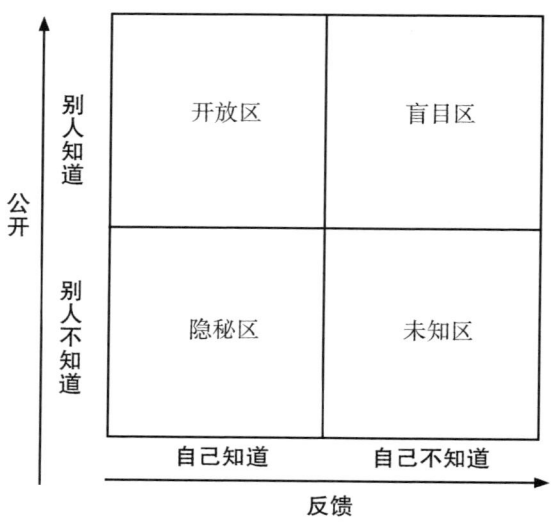

"盲目区"和公司客户服务有着密切的联系，它突出了在服务方面，公司和客户之间存在的认知差异。解释一下这是如何应用的：想象一下，你向公司的行政主管询问你在客户服务方面的看法，然后去问你的顾客对同一个问题的看法。通常你会得到非常不同的答案。

认知差异存在于多个领域，包括思维感受、实践体验、换位思考以及关注重点。然而，当这些差异体现在客户服务和客户保留方面时，可能会导致一些真实而重要的问题的产生。

把盲点最小化的唯一方式就是请教——不断地请教——你的顾客，让顾客告诉你对他们来说什么东西很重要，你们做得好不好。

放大招

2005 年，CustomerThink 公司首席执行官鲍勃·汤普森（Bob Thompson）为 RightNow Technologies 公司（现已归属甲骨文公司）开展了一项研究，叫作"忠诚度的联系：客户保留和利润增加的秘密"（*The Loyalty Connection*：*Secrets To Customer Retention And Increased Profits*）[4]。这项研究很好地说明了这种视觉上的差异。部分研究考察了企业和客户之间存在的认知差异。汤普森发现：

■ *当顾客被问到为什么不再使用某种产品或服务时：*

——*74% 的顾客说客户服务是主要问题；*

——*32% 的顾客说是质量问题；*

——*25% 的顾客说是价格问题；*

——*14% 的顾客说是产品功能问题。*

■ *不过，当企业主管被问到为什么顾客不再使用他们的产品或服务时：*

——49% 的主管说价格是主要问题；

——36% 的主管认为顾客有了不同的需求；

——只有 22% 的主管认为是客户服务出现了问题。

这确实是认知上的巨大差异。

SAP 公司全球副总裁杰米·安德森（Jamie Anderson）在一次访谈中[5]很好地总结这种情况和挑战，而且引用了罗伯特·彭斯（Robert Burns）的一首诗《致虱子》（*To A Louse*）[6]来说明：

啊，但愿上天给我们一种本领，

能像别人那样把自己看得更清！

怎样放大招？

每家公司都是不同的，但有一点很清楚，公司要谨慎对待客户流失的真正原因，还要持续不断地通过调查、对话或员工的途径收集客户意见和反馈，并且监测其修正效果。

公司可以用下面这些方式来发现并破解自己的盲点：

1. **承认公司可能存在盲点，正视它**：不断提高对问题的认识是进行改善和优化的第一步。

2. **处理好公司盈利和公司决策之间的平衡**：当公司决策的出发点是将公司盈利最大化时，就会对客户利益产生影响。如果是这样，就要分析该决策对客户的影响并深刻理解这些影响。如果公司和员工仅只关注利润最大化，那么客户体验、客户服务和客户忠诚度可能会退居其次，最终可能会导致公司的利益受损。

3. **永远保持怀疑的态度**：一旦公司选择了一种特定策略，他们有时候就会"爱上"这种方式，而不会考虑他们选择的这种路线是否真的有效。所以要寻找备选方案，这样才能应对确认偏差[7]，比如，我们会自然地偏向于寻找能佐证我们观点的信息。要一直监控项目和策略，设置重要的时间节点和目标，如果既定策略没能实现预期的效果，那么就要转换思路。

4. **聆听市场的声音**：社交媒体赋予我们无限的能力，让我们能够研究和观察市场（顾客和竞争对手的言行）。追踪顾客对你的产品或服务的评价，以及他们对你的竞争对手的评价，能帮助你从侧面更好地认识自己的策略。

大招 43　大多数忠诚计划并不会产生忠诚

若你想要发挥顾客忠诚计划的更大价值，可用此大招。

很多公司在思考顾客忠诚度或忠诚计划时，往往会直接采取一些激励措施，让顾客留下来。

确实，人们喜欢免费的东西，或者说喜欢用更少的钱买到更多的东西，谁不是这样呢？

但是，很多情况下，这种手段无异于低价促销。此外，fast. MAP[8]在 2013 年末发布的一项关于顾客忠诚度的研究成果显示：

■ 96% 的消费者会被低价促销吸引而转向竞争对手；

■ 20% 的消费者会因为竞争对手提供更好的忠诚计划而改弦易辙；

■ 33% 的消费者会通过忠诚计划来试用或试购不常用品牌的产品。

这一观点在 The Logic Group 公司和 Ipsos MORI 公司 2011 年联合开展的一项研究中[9]得到了佐证，结果显示：

■ 68% 的受访顾客表示他们是超市忠诚计划的会员，但只有47% 的人表示自己对超市忠诚。

■ 顾客忠诚计划并不一定能提高顾客的忠诚度。

■ 顾客希望以忠诚换取一些"特别"的优待。

■ 71% 的受访顾客表示，他们希望得到更好的服务或更低的折扣。

■ 48% 的受访顾客表示，他们希望得到比其他顾客更好的服务。

■ 顾客表示自己青睐"免费赠送"和回馈。但如果其他商家能提供足够动心或更低的折扣，他们也会去那些商家购买。

所以，有一个以激励为主的"忠诚计划"并不能保证你的顾客会对你忠诚。

放大招

但这并不意味着如果你公司现有的忠诚计划是以激励为主，你就应该摒弃这个计划。只是你要意识到这种计划的局限性，不要仅仅因为有一个忠诚计划，就认为顾客会忠诚于你。

此外，如果你想继续采用这种以激励为主的计划，那你就要设置更清晰的目标，或者采用更灵活、更具创造性的方式，让这个计划脱颖而出，让你的顾客更愿意参与进来。

这里有一个对传统忠诚计划进行创造性改造的例子，来自于《解码：我们消费背后的科学》（*Decoded*：*The Science Behind Why We Buy*）的作者菲尔·巴登（Phil Barden）。巴登在一次访谈中[10]提到了一家公司的经历，该公司一直使用传统的积分卡计划。后来他们推出了一种新的积分卡方案，新卡包含更多的积分空位，但是前两个空位已经预设了积分，比如：旧积分卡有八个积分空位，而新积分卡有十个，但前两个空位的积分已经提前发放。他们同时面向顾客发放这两种卡片，以监测新卡在促销和忠诚度中的效果。结果显示，持有新积分卡的顾客比持有旧积分卡的顾客多贡献了 70% 的交易额。

不过，更有趣的一点是，相较于持有旧积分卡的顾客，那些持有新积分卡的顾客对公司的评价更好，对公司的服务更满意。

这个手段之所以有效，是因为心理学中的一种人为推进效应。2006 年，约瑟夫·努恩斯（Joseph Nunes）和泽维尔·德雷兹（Xavier Drèze）发表于《消费者研究》（*Journal of Consumer Research*）上的文章[11]指出：

人们在完成一个目标时，如果得到了人为的帮助，他们会更能忍耐，且坚持到这个目标的实现。

怎样放大招？

太多公司没有花足够的心思去设计他们的顾客忠诚计划，导致其成功主要靠运气。但是，麦肯锡公司的研究[12]表明，让顾客忠诚计划产生效果的关键在于计划必须详细，且需针对如下顾客群体：

■ 他们对公司有最大的影响力，是公司最有价值的顾客；

■ 他们有最大的消费潜力；

■ 他们有可能随时会离开。

此外，麦肯锡公司的研究还列出了最成功的顾客忠诚计划的共同特点：

他们很清楚这个计划的目标是什么。

这样能帮助你针对正确的顾客群体进行设计，给他们提供最合适的利益，还能让你找到最好的衡量方式。

他们会通过挖掘数据来找到最有价值的顾客。

很多忠诚计划会将购买频率作为衡量顾客是否有价值的指标，但其实不一定是这样。分析顾客数据应该明确，哪些顾客能为公司带来最大的利益，能对销售额产生最大的影响。你的计划应该调整为奖励这样的顾客，对他们使用激励措施，鼓励他们留下来。

他们设计了多样化的忠诚计划。

麦肯锡公司论述了一个成功的忠诚计划的"公开"部分和

"不公开"部分。

■ 公开的计划是那些顾客普遍可以参加的计划，但是这些计划是区分层次、区分细分市场或是根据顾客生命周期的不同阶段分级的。根据顾客的价值或潜力，顾客会获得不同等级的利益。实际生活中，就是指那些有着不同等级的计划，比如铜卡、银卡、金卡和铂金卡会员。

■ 不公开的计划是比较私密的，只有邀请才能加入，而且本质上这类计划是试验性质的。比如，许多公司会邀请他们的最佳顾客参与高级产品发布会、体育赛事或者高级晚宴，这能让顾客觉得自己受到了特别的优待，是高级俱乐部的会员。

参照以上内容，回顾一下你公司的忠诚计划的特点，看看你公司的忠诚计划和成功的忠诚计划之间的差别在哪里。

大招 44 小小的边际成本会带来高值的顾客感知

若你想知道做哪些小成本和高性价比的事情能够大大提高顾客忠诚度，可用此大招。

许多公司在对那些可以让客户关系更持久、经济价值更高的点子进行头脑风暴时，往往会提出很多华丽而昂贵的创意，想以此来提高顾客保留率和顾客忠诚度。但是多数时候，这些点子最终就变成向顾客赠送高价礼品，而这通常对留住顾客起不到太大的作用。

要买到价格高低不一的礼品很容易，但是要买到有意义的礼品却很难。然而，只有有意义的礼品才能体现出你对顾客有多了解和关心。实际上，最有意义的礼品通常不需要花太多的钱去购买，却要花大量的时间、心思和创意去准备。

要找到这样的礼品，关键在于想清楚你的公司要怎样做才能对顾客更有用、更有价值。对你而言，最终目标就是要想到一些只会增加公司一点点边际成本，却能让顾客觉得很有价值的措施和策略。

放大招

下面这个例子是关于小小边际成本产生高价值感受的创意案，这个创意案帮一家公司极大地提高了顾客保留率和忠诚度。

豪都定制家具制造商（Howdle Bespoke Furniture Makers）是一家创办于 1983 年的高端定制家具制造商。他们完全是通过顾客推荐完成订单的，但他们的顾客并不希望自己被"推销"。所以，这家公司之前很难让顾客在需要时想到自己，他们还发现不管是和老顾客做生意还是吸引新顾客下订单都很难。

他们做了很多事情来提高顾客对公司的忠诚度，维护好与顾客的关系，下面就是其中一个例子：

很多家具在安装后，比如厨具、床、书架等，都需要时间"安置"和"适应"，这意味着这些家具的组装部件需要稍做调整，得把它们拧紧一点或者将它们重新组装。

了解到这一点，豪都公司就想出了一个主意，在家具组装完成六个月之后，为所有新老顾客提供免费的"服务"或者家具检修。

公司确定这个策略后，立马着手与顾客进行电话联系。他们打出的第一个电话得到了很好的回应，和顾客约好了第一次上门"服务"的时间。

到了约定的时间点，豪都上门服务团队发现，由于他们此前的安装工作做得非常到位，这一次服务根本不需要做什么调整。不过，顾客对这项新服务很满意，马上又下了一个高达两万英镑的新订单！

一点点头脑风暴和一次电话沟通的效果还不错哦！

怎样放大招？

人们往往低估一些小细节、小礼品或小措施可能会为顾客关系或顾客忠诚度带来的重要影响。特蕾莎修女（Mother Teresa）则很准确地捕捉到了这一点，她说：

重要的不是我们到底给了别人什么，而是我们在这个过程中投入了多少的爱。

因此，为了更好地了解公司怎样才能提高顾客忠诚度，你得回答下面这几个问题：

■ 你有多了解你的顾客？

■ 你能给顾客提供哪些成本不高却能让他们觉得有价值的东西？

■ 你能给顾客提供什么来体现出你很在乎他们，他们对你很重要，你很想要留住他们？

大招 45　让顾客成为主角

若你想知道把顾客的故事放在忠诚计划的核心能带来什么好处，可用此大招。

当你在总结自己的销售和营销情况时，谁是你的"主角"？你是不是只关注产品或服务？如果是这样的话，那你可能要错失良机了。

让顾客成为公司历史的一部分，向大众讲述顾客自己的故事而不是公司或产品和服务的故事，这样能和顾客建立更好、更长久的关系。

这是一种最好的方式，它能展现出你对顾客的关心和在意。

2012 年伦敦奥运会时，宝洁公司（Proctor & Gamble）制作了一款"谢谢你，妈妈"的电视广告，这可以算得上极好的成功案例[13]了。

隐含在这个广告主题背后的设想是：每一位参赛运动员、每一位成功的冠军背后都站着一位了不起的母亲。所以这则广告讲述了很多位母亲的故事，讲述了她们如何在背后默默支持她们的孩子坚持不懈、实现奥运梦的故事。在这些故事中，每位母亲都给予孩子无私的支持、强大的力量和无畏的勇气，鼓励孩子们坚持自己的奥运梦、永不言弃，最终这些母亲都亲眼目睹了孩子们参加奥运会并实现自己目标的动人时刻。广告以这样一句标语结尾："宝洁，母亲的荣誉赞助商！"。

这是个经典的"主角"讲故事的方式，宝洁公司把所有的母亲当成公司故事的主角，公司的产品则只是在辅助这些母亲以及孩子们的成功。这个广告让保洁与市场目标人群建立了情感的牵连和依存，进而对公司的顾客保留率和销售额产生了很大的影响。根据《广告时代》（*AdvertisingAge*）[14]发表的一篇文章，宝洁公司希望通过这些促销活动达成 5 亿美元的销售额，而在伦敦奥运会期间，参与了该活动的零售商在实体店内播放这则广告，他们说宝洁产品在此期间的销售量提高了 5%～20% 不等。

放大招

下面这个例子来自我的一个老客户，这个案例涉及的范围小一些，但效果几乎相同。她是一名室内设计师，故事开始的时候，她正在为断隔 18 个月的老顾客如何重新联系上她而发愁。在此期间，她没有再见过这些顾客，也没有和他们说过话。

她觉得只给顾客发送邮件或打电话并不是以吸引他们。

所以，在构想了一些点子之后，她突然发现那一年她的公司正好成立 25 周年。于是她想打造一本咖啡桌书（咖啡桌上供客人翻阅的书）来庆祝公司成立 25 周年。不过，这本书的不同之处在于，她决定在书中讲述顾客的故事，并把她为顾客家居做的部分设计作品以照片的形式展示出来，通过这样的方式从独特的视角来讲述公司的发展历程。

为启动这个项目，我的客户开始给她的老顾客打电话，解释自己的想法，跟他们说希望能约个时间到他们家拍拍照，拍拍她的工作成果，也就是他们的家，这些都会展示在书里。

顾客的回应都很简单：谁会拒绝让自己成为一本书的一部分呢？

结果如何呢？我的客户终于与她的老顾客重新取得了联系，并增强了和他们的关系，通过让这些顾客成为她公司故事中的主角，她收到了新老顾客的大量订单。

怎样放大招？

顾客会谈及与他们自己有关的故事。不过，你不能把他们制造成你故事的主角。你要完成下面几步，才能让他们成为你故事的主角：

■ 首先，你要了解他们，知道他们来自哪里、担心什么、想要什么、目前缺什么。之后你要得到他们的准许，再让他们成为你故事的主角。

■ 这些信息不是很容易得到，但是要获取这些信息，从一开始最好的方式就是虚心请教顾客，倾听他们并时刻关注他们。

■ 一旦完成上面这一步，你就要全面核查你所有的销售和营销材料，把那些只与你公司相关的故事都去掉。

■ 然后，把这些故事都替换成你的顾客对公司的描述、对产品的介绍，让顾客来说他们在什么情况下使用了公司的产品、这些产品又如何让他们实现了自己的目标。

让顾客成为你故事中的主角，可以让你和顾客的关系变得更好、与新老顾客达成的生意更多，还能让顾客成为公司更长久的伙伴。

大招 46 破解顾客忠诚的密码

若你想知道顾客忠诚为什么远不止于顾客忠诚计划的设计和实施那么简单，可用此大招。

正如我们看到的，很多忠诚计划并不会提高顾客忠诚度，它们只是试图从顾客那里购买忠诚。

那么，忠诚是什么呢？忠诚是无论什么情况都一直支持某件事情，对其忠心。

赛斯·高汀（Seth Godin）是美国畅销书作家、企业家和营销商，他在一篇名为"忠诚"（*Loyalty*）[15]的博文中有一些独特见解，他认为：

忠诚的顾客知道总有可能在别的地方买到更好的东西，但他们并不会那么感兴趣。

那么，是什么让顾客忠诚呢？

以下几个要素塑造了顾客忠诚度
共同的目标或爱好。
当你说要做什么时，就立马付诸实践。
定期出现在他们的生活中。
当别人犯错时能够原谅他们。
有错要勇于承认，并及时道歉。
要让哪些人忠诚于你，行动时就需以他们的利益为核心。

从这个表中我们可以发现，忠诚有很多情感和行为方面的要素，而且忠诚不是别人给的——你要努力才能得到。因此，要让别人忠诚于你，首先你得成为那种人们愿意对你忠诚的人或

公司。

毕竟，我们自己不也是愿意和与我们相似的人为伍吗？他们和我们志趣相投、有相同的价值观，也代表了我们想要成为的人。

放大招

忠诚度研究专家史蒂夫·西姆斯（Steve Sims）是 Badgeville 公司首席设计师和行为实验室创始人，在一次访谈中[16]他为我们提供了一些让顾客忠诚的要点。基于自己的研究和经历，史蒂夫说：

■ 很多公司，不说绝大多数公司，会以自己的利益为出发点来设计忠诚计划，但是并没有很好地考虑顾客想要什么。

■ 要设计一个好的忠诚计划，公司真的需要了解自己的顾客，考虑他们的消费动机、消费情境和购买频率，等等。

■ 忠诚更像一个习惯。这与我们有意识和无意识地寻求一种行为模式和行为一致性有很大的关系，也与我们自然而然地趋利避害的行为有很大的关系。所以，顾客在一家公司拥有的正面体验越多，这些体验累积起来就越有可能发展成一种消费习惯。

■ 不过，由于产品不再创新或者顾客对产品不再感兴趣，即使很好的忠诚计划也会因此受到负面的影响。因此，想要通过传统战术式的不定期的营销活动来让顾客保持兴趣可能行不通。公司如果要让顾客一直保持忠诚，就应该做出改变，从创造性和战略性两个方面来考虑，制订可持续发展的顾客忠诚计划。

怎样放大招？

我们知道顾客忠诚度不仅仅与忠诚计划有关，它还涉及很多情感和行为方面的要素。而且忠诚不是别人给的，要靠自己的努力才能赢得。

此外，史蒂夫的观点为很多想要更新顾客忠诚策略、活动计划和创新活动的公司提供了更广阔的视野。总体而言，公司应该做到以下几点：

■ 把你的顾客而不是公司摆在忠诚策略和计划的核心位置。

■ 把顾客当成活生生的人来看待，而不仅仅是个"钱袋子"。

■ 要知道整体的顾客体验与顾客忠诚度和忠诚计划同等重要。

■ 就像其他关系一样，如果你的忠诚计划长期以来没有变化，那你的顾客可能会失去兴趣。

大招 **47**　投诉是留住顾客的关键

> 若你想知道顾客投诉在保留顾客过程中的重要作用，以及如何
> 应对投诉，可用此大招。

让我们来玩一个单词联想的游戏。如果我说："顾客投诉!"，
你会说什么？有没有下面这些？

■ "顾客都很狡猾，他们总想不劳而获。"

■ "有些顾客是大傻蛋。"

■ "他们投诉起来怎么没完没了啊?"

■ "他们为什么不读下我的邮件，看下我发给他们的说明，
那样不就什么问题都没有了吗?"

■ "他们总是投诉些鸡毛蒜皮的事。"

■ "他们就不能说些好话?"

再问你另一个问题。当你面临顾客投诉时，你会如何回应?
你会：

■ 害怕得发抖；

■ 举起你的"拳头"，或采取"卧虎藏龙"式的防御姿态；

■ 尽力倾听并解决问题。

我问这些问题是因为，我们如何看待顾客和他们的投诉是做
出回应的关键。

事实上，顾客投诉只是代表某人失望了，或是某件事没能达
到他们预期的一个诉求。对吧?

但是，这也为公司提供了一个回应、倾听、关心和解决问题
的机会。

可以这样来看待这个问题，将顾客的投诉当成他们送给公司

的一份礼物（我承认虽然有时这个礼物看起来像是伪装的），但是否要打开这个礼物看看里面有什么，以及如何谨慎地打开，这一切都取决于公司。

投诉的顾客毕竟还是你的顾客。而且，愿意花时间去投诉的顾客，说明他们仍然对公司持有信心。很多情况下，相比投诉，顾客直接选择另一家公司进行交易更容易。所以，这些进行了投诉的顾客其实是在发出清晰的信号，他们还想继续当你的顾客，并且对你的公司还保有一丝忠诚。

放大招

你回应顾客投诉的方式会对保留顾客产生很重要的影响，这是一种叫作"服务补救悖论"的现象。在维基百科上，服务补救悖论[17]的词条是这样描述的：

好的补救措施可以将愤怒和失望的顾客转变为忠诚的顾客。事实上如果事情处理得好，反而会改善公司的信誉。

现在，关于这种现象的研究有多个发现，而他们发现在下列情况下最有可能出现服务补救悖论：

■ 投诉的起因看起来不算严重。
■ 顾客之前没有投诉过。
■ 顾客觉得投诉的起因可能不在公司的可控范围内。

怎样放大招？

没有什么事情会一直完美无缺，总有些时候会出问题，所以顾客才会投诉你，但你应对投诉的方式会对你留住顾客的能力产生巨大的影响。

当我们在面临顾客投诉时，可以用下面这个非常简单的方法

（"LEAD 法"）来解决问题，这是我在一场叫作"从不满意中看到希望"的客户研讨会上，从 Lammore 公司的马克·布莱克莫尔（Mark Blackmore）[19]那里学来的：

要素	具体描述
L（Listening to understand）： 倾听顾客 理解顾客	如果你想要减少因为投诉带来的摩擦，那这一步非常关键。如果你不倾听顾客投诉，就会沦为一场争论，而这于事无补。所以，倾听顾客的顾虑是了解具体情况、充分理解顾客的关键
E（Empathise and take responsibility）： 换位思考 勇担责任	共情（站在顾客的角度思考问题）与同情不是一个概念。你需要关注顾客，理解他们的处境。用类似"我知道你的感受"和"我知道你为什么那样想"这样的句子可以起到很好的作用。不过你要注意，不能只是说说。接下来，你就要主动承担起自己应负的责任，而不要把责任推卸给顾客
A（Ask/propose a solution）： 相互协商 共同求解	一旦你已经了解了具体情况，而且顾客也知道你会为此负责，你现在就要采取措施解决问题，不过你要和顾客协商解决，提出大家都认可的方案
D（Deliver on the promise）： 及时行动 兑现诺言	这是最后一步，也是最重要的一步，因为这会让顾客刻画下对你的最后印象。你一定要保证兑现承诺了顾客的事情，不能失信于他们。他们亲自来投诉，你也要亲自解决问题

大招 48 找出获取顾客忠诚的关键

若你想知道在哪些方面可以获取顾客的忠诚，以及怎样做来提高它，可用此大招。

在很多公司中，当顾客购买一项产品或服务时，顾客忠诚度和顾客服务通常被认为是两码事，也因此会被分开处理。但是，2012 年 ClickFox 公司的研究[20]发现，获取顾客忠诚的关键时刻是在顾客购买产品和公司提供售后服务时。深入研究之后，他们进一步发现：

■ 49% 的受访顾客称，他们是在购买产品或享受服务时决定以后都在这里消费；

■ 40% 的受访顾客称，他们是在和公司沟通售后服务的问题时决定以后都在这里消费。

明智的公司知道获取顾客忠诚的机会一直都有，因此，他们会设计并提供给顾客很好的购物体验，从而识别并最大化那些"忠诚"时刻。

放大招

举个例子，想象一下你跟某个顾客联系了一段时间，刚刚才和他们达成了一项交易。现在你可能比之前更了解他们了。或者他们是老顾客，你可能已经非常了解他们了。那么，当你和他们达成交易时，你给他们送一些你觉得他们会喜欢的东西以表达谢意，会怎么样？

下面是一个真实的例子：

　　我的一个朋友在沙特阿拉伯的一家住宅建筑公司工作，这家公司主营设计建造经济适用房。每天工作时，他们都会拍下施工场地和建造的每栋房子的图片。最初他们拍照是为了记录自己的工作和建筑进程。但现在他们拍照之后，会把照片做成个性化的精装影集，然后赠送给新房屋的户主。当顾客拿到新房的钥匙之后，这本影集就会交到他们的手上。这个额外的小福利让顾客很惊喜，也很开心，因为他们能通过影集看到新房从打地基开始的整个建筑过程。也因为这个活动，这家公司的很多顾客都非常忠诚，公司的口碑也很好。

怎样放大招？

　　公司与顾客的每一次交流都是获得"忠诚"的时刻，它能让你拥有更多机会，让你能够丰富顾客的购物体验，提高他们的忠诚度。

　　在一次访谈中，9 Inch Marketing 营销公司的斯坦·菲尔普斯（Stan Phelps）把这些额外的福利称为"Lagniappe"（免费赠品）——这是美国路易斯安那州南部和密西西比州（克里奥尔语）使用的词语，意思是商店在顾客购物之后赠送给顾客额外的小礼品。

　　如果你在考虑可以给顾客提供哪些小礼物的话，斯坦写了一本关于这个主题的书，叫作《你的锦鲤在哪里?》（*What's Your Purple Goldfish?*）。

　　这本书是一个海选项目的成果，该项目收集了 1001 个公司可以给顾客准备的小福利。斯坦花了两年时间收集所有的案例，把其中最好的 100 例收进这本书里。

　　不过，斯坦把这 1000 多个案例的详细信息公布在了 Purple Goldfish 项目网站（http：//list. ly/list/1Ni-purple-goldfish-project）上。你可以看看这个网站，给自己找找灵感。

第五节

推荐顾客

前　言

现在，你已经吸引到了目标顾客，也通过顾客参与和他们保持了密切的联系，让他们产生了购买意愿。你也给他们提供了很好的购物体验和近乎完美的服务，而且你也非常努力地留住了他们。你已经完成了很多繁杂的工作，而如果你在这些方面都做得很好的话，你的顾客应该会跟别人提到你，把你推荐给他们。但你不想让任何事情都碰运气，现在你想尽全力把顾客发展成更大的资源，他们不只是你的消费者，还是你的支持者和生意上的引荐者。这可能很自然就发生了，而且很多公司确实如此。但如果你在这件事情上碰运气的话，就可能会错失很多机会。

龙头企业不会在这件事上碰运气，因为他们知道顾客的推荐是最好的营销方式。这一节主要涉及公司获得顾客推荐的能力，将和大家分享一些营销大招、案例研究、高层访谈以及营销小提示。主要包括以下话题，例如为何你要尽可能地请你的顾客帮忙推荐，为何推荐的顾客类型不尽相同，你的主动服务如何驱动顾客推荐，如何打造自己的顾客推荐社区，以及如何让人们在聊天时谈论你。

大招 49　不主动开口你就得不到

> 若你需要增加顾客推荐的数量，可用此大招。

你的产品或服务很不错，客服和购物体验也挺好，顾客也很需要你提供的产品。你开始了解自己的顾客，和他们建立信任，加深彼此的了解，让他们与你保持更长久的合作。但你公司的发展还是滞后了，因为你的顾客没有把你推荐给其他人，而你也一头雾水，不懂他们为什么不这样做。

现在，从一些不同寻常的地方可以发现不少至理名言，而且其中很多都是一些不太常见的常识。而这一次，这句至理名言来自我的妈妈（可能很多人的妈妈都这样说过）。记住这句话：

不主动开口你就得不到。

其实这句话的含义显而易见，但很多公司不会主动开口请顾客推荐，他们自以为做得好的话，顾客就会自然地推荐。这很有可能，但不能完全保证。你的公司所面临的风险就是，顾客的脑海中不会总是把你排在前列。所以，如果你想让顾客把你推荐给新顾客的话，你就得开口了。

放大招

Hinge 研究所（Hinge Research Institute）调查了 500 位公司决策者[1]，他们来自各行各业，包括企业管理咨询、会计与金融、市场营销、技术、法律服务、建筑设计、工程和建筑施工等。这些决策者被问到一个问题：2015 年公司面临的最大挑战是什么？72% 的被调查者认为，吸引新顾客和发展新业务是他们的重中之重。此外，该研究进一步发现，62% 的被调查者正计划通过更多的顾客推荐来推动公司的业务发展。

在 2014 年底，投资网站 InvestmentNews 发表了一项更为深入的研究报告[2]，他们采访了多家财务咨询公司，问他们是否正在实施吸引顾客推荐的计划。

他们的研究发现：

■ 一家典型的财务咨询公司 70% 的新业务是通过顾客推荐达成的；

■ 但 69% 的公司没有任何邀请第三方专业人士推荐的现行策略或流程；

■ 66% 的公司没有任何邀请顾客推荐的现行策略或流程。

这意味着，绝大多数财务咨询公司对于发展公司新业务占比最大的领域根本没有一个正式的战略规划。

根据我的经验，这并不是罕见的现象。

怎样放大招？

是不是你们公司也和上面这些财务咨询公司一样，在邀请或请求顾客和其他联系人推荐新顾客方面，没有推出一项现行的策略和流程？

如果是这样的话，你可以做下面几件事来尝试产生顾客推荐：

1. 如果确认要做，就开始准备行动，先帮别人做推荐。有时候你要先给予，才会得到别人的推荐。

2. 要有礼貌，要感谢为你做推荐的顾客，认可他们的帮助。他们可能想得到回馈，这很正常。但是，很多把你推荐给潜在新顾客的客人也有可能是因为欣赏你的作为，这样做会让他们觉得很舒服。

3. 有的顾客向别人推荐你，可能是想得到回馈。那你不如打造一个顾客推荐项目，一旦推荐成功，就给他们一些回馈，比如实物福利、小礼物或物质奖励。

4. 有些顾客不是很喜欢做推荐，或这样做让他们感觉不舒服。如果这样，就问问他们是否愿意通过别的方式帮助你。比如，能不能把他们作为一项案例的主角，或者能不能请他们帮你写一封推荐信或证明书？

5. 顾客会把一家公司错误地划入某一类型，因为他们只在你这里买过一两件东西，所以可能并不知道你的所有业务。你要了解这一点，并帮助他们了解你。

6. 最后，不要忘记请他们推荐你。

大招 50 主动出击也能获得支持

若想知道你的客户服务策略和你收到的客户推荐数之间的关系，可用此大招。

在"服务顾客"一节中，我们讨论了积极主动的客户服务，也重点讲述了这种策略对公司运营成本、顾客满意度和顾客保留率方面的重要影响。

然而，实施有效的主动服务顾客策略还有一个额外的好处，特别是在售后服务阶段，如果做得好的话，它真的能推动品牌宣传和口碑推荐。

为什么会这样呢？因为这些小的额外福利是顾客意料之外的，它们可能很有用，会让顾客很开心，或者让他们的生活更便利，并帮助他们避免许多潜在的问题。

放大招

关于主动服务是如何推动宣传的，我这里有个故事：

几年前，我哥哥一家住在纽约，我爸妈计划去看他们。

在做行程安排时，我哥哥和嫂子建议我父母订的机票不仅要便宜还要"优质"。哥嫂因此推荐他们乘坐维珍航空公司（Virgin Atlantic）的航班，因为他们坐过很多次维珍航空的飞机，也很喜欢这家公司的服务。一开始我爸妈是拒绝的，不过后来他们还是听了哥嫂的建议，在这家公司订了几张经济舱的机票，从英国伦敦的盖特威克机场起飞。

在起飞日期的前几天，我妈接到了一个电话，是维珍航空的员工打来的，这个人叫凯文。他跟我爸妈说现在可以在线值机了，还问他们是否一切正常，有没有准备好护照、ESTA[①] 申请表等，对飞机上的餐食有没有什么特别要求。

这通电话不是照着稿子念的，而是维珍航空公司的客服代表在真诚地关心顾客是否一切都好、有没有任何需要。凯文还问我妈需不需要更大的放脚空间。我妈觉得这有点好笑，回复他说不需要。我爸妈个子都只有一米六，根本不需要考虑这个问题！

我不知道这是不是维珍航空客服的正常服务环节，是不是因为某种原因我爸妈才接到了这个电话（比如他们是老年人，他们是第一次乘坐维珍航空的班机），或者这通电话是随机打给顾客的。不过这些原因都不重要。重要的是维珍航空公司通过行动给自己新添了两名粉丝，就用一通短短的电话就做到了这一点！而且，他们还不是飞行常旅客，之前也没有对航空公司提到有任何特殊需要，更不是商务舱或头等舱乘客。

在那通电话之后的几年里，我爸妈还在谈论这个故事，觉得那次体验非常不错，让他们记忆犹新。

维珍航空公司的行动告诉我们，和顾客一次小小的个人接触就能对顾客体验产生巨大的影响，同时还影响着公司吸引品牌拥趸的能力。

怎样放大招？

是的，你可以把你的顾客分成几类，寻找他们共同关注的话

---

① 译者注：ESTA 是美国旅行机构电子系统。

题，在合适的时机给他们提前发送一系列邮件或短信。这项行动的成本很低，你也能很轻松地把它做到一定规模并重复使用。

不过，这样做能不能对顾客产生情感影响，让他们支持你呢？

如果你想通过主动服务来获得顾客真正的支持，那就要想想有什么技巧能够进一步提升情感的影响，让顾客拥护你。

比如，比较下面这两种方式：

■ 公司派出一名训练有素的客户代表给顾客打电话，或者亲自登门拜访；

■ 公司给顾客发邮件或手机短信。

如果用两种方式传达的消息内容是一样的，哪一种方式更能让顾客记住，哪一种会产生更大的影响呢？

给筛选出的顾客打电话可能会花费你更多时间，而且给他们打一通意料之外的电话需要公司在情感、沟通技巧和人际自信方面做更多的投入。不过，我想请你思考一下，和其他普通的技巧相比，如果你跟顾客沟通的方式更有心意、更有想法和创造力，那么顾客更有可能会跟别人谈到你。这些小技巧也会让你更与众不同，当你在帮助顾客的同时，也让他们更容易跟别人谈到你。

大招 51　怎样打造自己的顾客推荐社区

若你想打造自己的顾客推荐社区，帮助你获得更多的推荐，可用此大招。

我们都知道良好的口碑和顾客支持对于公司的发展和成功是多么地重要。

我们也知道，要让自己的老顾客推荐新顾客和新业务，你需要请求他们的帮助。

不过，也有些公司确实在请求顾客帮忙了，但还是很难获得推荐。这并不是说他们的客户体验不好。其实，顾客说过他们觉得公司很不错，并很乐意谈论他们。可惜的是，然后，他们就什么都没做了。

这背后的原因可能有多种，比如：

■ 有时顾客需要一些鼓励和机制，帮助他们把你做得好的、值得分享的地方说出来。

■ 有些顾客没有意识到他们的推荐多么有影响力。

■ 有时顾客只是需要一些"胡萝卜"来帮助他们培养分享的习惯。

■ 通常顾客不会总是想到你，你没有排在他们考虑的公司前列。

在这种情况下，一些领先的企业打造了自己的顾客推荐社区，为顾客推荐新业务提供帮助、引导、激励、支持、回馈和奖励。

放大招

　　有一家名为大脑鲨（Brainshark）的公司致力于解决这些问题，并在客户利益代言项目中取得了极大的成功。在一次访谈[3]中，其公司创始人、营销副总裁琼·巴宾斯基（Joan Babinski）跟我们描述了这个客户利益代言项目以及它给公司带来的好处。

　　2012年，大脑鲨公司启动了名为"客户大使项目"的企划，该项目至今已经招募了400位客户大使。这使得愿意推荐他们公司的客户数量增幅达到预期数的4倍，公司品牌相关推特的活跃度倍增。这个项目还帮助公司缩短了销售周期，让公司和顾客的关系变得更好、更紧密。不仅如此，源于对此项目的赞誉和认可，大脑鲨公司还荣获了2013年度"福雷斯特风潮奖"（Forrester Groundwell Award）。

　　大脑鲨公司的成功是因为他们知道顾客的说法和他们的实际行动不是一回事。所以，这个项目是从两个方面入手：

1. 组织和培养

　　——为了让公司成功的可能性最大化，他们决定要在取得成功之前先组织和培养潜在的支持者。为此，他们花了大量时间来发现这些人，了解对他们来说公司最具价值的东西是什么，然后打造一个奖励方案，将公司的奖励与支持者的类群和偏好匹配起来。

　　——在实践过程中，公司发现要获得支持，最好的奖励不总是物质方面的。所以，这个奖励方案提供了各种措施，包括用积分兑换礼券、免费培训、当地行业盛会的入场券，甚至还包括颁发给支持者的各类奖状、勋章和证书等用以认可他们的贡献。

2. 员工的参与

项目的另外一个重点就是，要意识到客户利益代言项目不仅仅是一场营销活动，要让它取得成功，就需要让所有与顾客直接打交道的员工参与进来。所以，为了配合客户大使项目的顺利施行，公司还开发了一个员工大使项目，现在已经将两者合并了。这个项目运行产生了很好的效果，因为：

——和顾客直接打交道的员工通常最能发现潜在的顾客支持者，而大脑鲨公司的员工如果能发现这些支持者并成功让他们加入项目，员工自己也能获得相应的奖励。

——虽然大脑鲨公司经常让顾客提供服务证言，但经验表明，这些顾客经常会忘记或者不会按要求来做，因为他们有时不确定公司想要他们做什么。此外，公司的实践经验表明，如果客户经理直接请求并在服务过程中提及，顾客更有可能提供服务证言。所以，大脑鲨又一次为员工提供了奖励机制，鼓励他们请顾客提供服务证言，如果有顾客愿意参与，员工就能拿到提成。

很多公司尽管给顾客提供了很好的购物体验，却没有获得顾客的支持；还有的公司在顾客支持计划方面费了很大力气却不见成效。无论你属于哪一种，大脑鲨公司的顾客大使项目都是一个很好的例子，说明了一家公司如何创造、优化以及扩大顾客支持从而受益，并为其他想要效仿的公司提供了经验。

怎样放大招？

顾客推荐不是自然发生的，要让顾客很好地推荐你，他们也需要一些帮助和支持。其中一种方法就是建立顾客支持计划。在采访中，琼·巴宾斯基给想要创建顾客支持计划的公司提供了一些秘诀，内容如下：

■ 搞清楚你的支持者在哪里，他们在做什么；

■ 将你的支持者和潜在支持者分类，了解他们重视什么；

■ 建立一个奖励制度，与潜在支持者的类型和偏好度匹配一致；

■ 同时，打造一个员工支持计划，并把两者整合起来。

下　篇

公司视角

第六节

有效沟通

前　言

　　大多数公司都会做顾客调查、收集意见和反馈，但可惜的是，很多公司都做得不太好。究其原因，公司设计和实施问卷调查是为了让自己获利，却没有把顾客的利益考虑进去。这实在令人汗颜。但更要命的是，如果将一份没有设计好的调查问卷发放出去，或是开展一个有缺陷的顾客反馈和意见征集活动，其后果可能会让公司之前在顾客购物体验方面的工作徒劳无功，甚至毁于一旦。本节主要讲述如何成功地与顾客沟通、进行顾客调查，并收集他们的反馈意见。包括以下主题：为何公司应诚实告知调查所需的时间，为何把调查结果反馈给顾客非常重要，何时是调查顾客的最佳时机，为何在诠释顾客反馈数据时要很小心，以及调查时间的安排有多么重要等。围绕这些议题，本节将和大家分享一些营销大招、案例研究、高层访谈以及营销小提示。

大招 52 告知调查实情，让调查尽量简短

若想以更有效的方式收集顾客的反馈意见，可用此大招。

寻求顾客的反馈意见是公司学习和提升的重要过程，大部分公司也确实在这样做。但是，很多公司在给顾客提供了很好的顾客体验、建立了良好的互信关系之后，却在调查和收集反馈意见时让一切努力打了水漂。

比如，你之前有没有接到过电话或收到过邮件，让你对最近一次的购物体验做出评价，对方告诉你这次调查只有几分钟时间，但你最后却发现这个"几分钟"特别漫长，要回答很多问题，而且其中很多还跟此次购买行为毫无关系？

我是有过这种经历的，我觉得你肯定也有过。CustomerSure公司是一家主营顾客反馈与后续业务跟进的软件公司，在一次访谈中[1]，盖伊·莱茨（Guy Letts）（该公司创始人，执行总裁）讲述了他自己经历过的一个极端例子。他说，有一次他刚入住一家主流酒店才7个小时，这家酒店就给他发了一份意见反馈表，这个表竟然有53页，53页啊！

这种顾客意见调查的形式通常会惹恼顾客，让他们有种上当受骗的感觉。因为公司只想让顾客提供反馈，一切从公司角度考虑，而非从顾客角度考虑。

观点坊（OpinionLab）是一家为客户的反馈意见提供解决方案的公司，这家公司做了一些研究[2]，佐证了这个观点。他们发现：

- 80%的顾客都不会填那些一看就很长的意见反馈表。
- 不到14%的顾客愿意花超过5分钟的时间填写意见反

馈表。

所以，如果你要进行顾客意见调查，首先你要诚实地告诉顾客这项调查需要多长时间，而且你还要尽可能地把调查时间缩短。这只是一种礼貌常识，这样做还能维护你和顾客已有的关系。

放大招

几年前，我和几个朋友从马略卡岛（Mallorc）攀岩回来，那次旅行一路欢声笑语，而且攀岩的体验也很棒。

但是，在回程的飞机上，空乘人员给我们发放了一张顾客满意度/反馈调查问卷，让乘客填好并在下飞机之前交给乘务组。

我扫了一眼这张问卷，有 5 页长。这让我有点好奇，我想知道有多少乘客会把这样的问卷填完。我环视了整个客舱，发现很多乘客在收到问卷之后浏览了一遍，然后被问卷的长度吓到了，于是就把它随手放在了座椅前面的袋子里。

我还是填完了一小部分，然后把问卷交给其中一个乘务员。我问她这些问卷结果如何，乘客的回复率有多少。这名空姐回答，他们没有收到很多回复，因为这张问卷太长了，但他们还是继续发放这张问卷，因为这涉及他们的业绩考核。虽然他们已经向高层领导反映过顾客的感受，也提出建议把问卷改短一点，但结果不如人意。

为什么公司领导会无视一线员工的反馈，明明这种问卷没有效果，却不采纳员工的建议？是这件事很难吗？这和公司内部的数据需求、公司政策或公司文化有很大的关系吗？这会怎样影响和顾客之间的关系呢？

怎样放大招？

很多顾客想给公司提供反馈意见，但公司寻求反馈时采取的方式通常不太好。下面是一些小贴士，能帮你最大限度地从顾客意见调查中获益：

小贴士：

让调查变简短： 如果你想要尽可能高的顾客回复率，就要确保顾客填写调查的时间不超过 5 分钟。这意味着在设计调查问卷时，你的问题要保持在 4 或 5 个，特别是当你问了多个开放性问题，需要顾客动笔写答案时。如果你的问题都是单选题或打分题，那也不要超过 7 或 8 个。

只问与顾客相关的问题： 在设计调查问卷时，很多公司想问一些与某次交易或购物体验无关的问题。千万不要这样做。让你的调查有焦点，顾客会注意到并将感谢你这样做了。

尽量收集文字意见： 大多数调查问卷通常是请顾客打分或做选择题。但这种方式可能会存在一些偏见，你问的可能都是你比较重视或你觉得顾客比较重视的问题。要考虑问一些开放性的问题，让顾客有机会写下自己的反馈。这样你才能知道他们真正的想法和关注的重点。

大招 53　给予顾客反馈，汇报调查结果

> 若你想知道把收集到的意见结果汇报给顾客有多么重要，可用此大招。

我经常有机会和一些调查顾客意见的公司老板和高管交谈，我会在交谈时问他们如何处理各种调查的结果。我从他们那里得到了各种各样的回答，比如：

- "这问题问得好！"
- "我们把调查结果打包，发给团队成员了。"
- "我们把调查结果报告给董事会了。"
- "我们对顾客满意度的分数非常满意，因为这个分数已经达到了我们的预期目标，所以到目前为止，我们没有做其他的。"
- "我们还没有针对调查结果做什么。"
- "我们对调查结果比较满意。"
- "我们没计划做什么。"
- "我们在想这个结果对公司的意义是什么。"

你看出这些回答有什么问题吗？

请别人提出意见之后，既不采取措施，又不告诉他们你下一步准备怎么改进，这岂不是不尊重他们吗？还不如根本不问他们的意见！如果有人一直请你提意见，但从来不告诉你，你所提出的意见如何帮助了他们，你会怎么想？

好吧，似乎这样的行为已经司空见惯了，因为 Customer Champions[3]公司对英国企业的研究发现：

- 95% 的公司会请顾客做出反馈，并衡量他们的满意度。
- 50% 的公司会整理反馈的结果，还会和员工交流。

■ 30%的公司会分析结果，决定要采取什么行动，并做出行动计划。

■ 10%的公司会组织一个团队，分配公司资源来实施这个行动计划。

■ 只有5%的公司会将公司的计划告知顾客。

对很多公司来说，持续跟进任何反馈过程都是一个现实的问题，对公司而言，如果不跟进或不向顾客提供反馈，就可能存在与顾客关系受损的风险。不过，如果公司能够超越大多数的竞争对手，堵上意见反馈的漏洞，这也将是一个绝好的机会，它能让公司脱颖而出，与顾客建立更深厚、更开放的关系。

放大招

如前所述，CustomerSure 公司专门帮助其他公司获取顾客反馈信息，并利用这些信息改善他们的服务质量。在采访该公司创始人、总经理盖伊·莱茨[4]时，他还提供了一些方法，以最大限度地从顾客意见反馈过程中获益。

最大化利用你收到的顾客反馈
顾客反馈与顾客评价不同。评价作为改善业务和服务的工具的作用有限。
反馈系统通常是为了让公司获益而设计的，对顾客体验来说没什么帮助。
盖伊认为，公司应该改变这种方式，让顾客能从中受益。反过来，公司也能由此获益。
设计顾客反馈调查的一个基本原则就是简单和简短。
要重点关注具有操作性的意见反馈，不要着眼于数据和顾客回复率。
不要提醒顾客完成反馈表，因为这无关他们的利益。这个调查完全是为了帮助你的公司。如果顾客可以也愿意给你反馈的话，他们会反馈的。

续表

最大化利用你收到的顾客反馈

即便是现在，虽然公司收到了很多反馈，但其中很多信息可能流向了错误的人手里，它们没有得到很好的整理、归类、分发给合适的人或采取行动。这会让真正碰到问题的顾客觉得他们被无视了。

所以，你要确保顾客的反馈意见送达合适的团队，让问题得以及时解决。

反馈应视为一个报警系统，用于公司及时关注顾客反馈的问题并迅速解决。这应该是首先要做的，在进行任何数据分析或服务改善计划之前就要做的事。

留住顾客不能靠数据分析和那些平均值，而要靠及时地行动，解决具体问题。

改善服务能够推动销售、提升公司业绩，但这是怎么做到的呢？公司只有询问他们的顾客才能知道。

根据盖伊 30 多年的经验，顾客的反馈无疑是提高公司销售业绩的唯一的最有效的方式。

怎样放大招？

很多公司都会让顾客做出反馈，但少有公司会继续跟进并做出改变，更少的公司会针对顾客提出的意见采取相应的行动，只有很少的公司会向顾客汇报他们的处理结果。所以，完善整个反馈流程能给企业带来绝好的商机，但很多公司都没有把握住这个机会。

以下几个问题，能帮你搞清楚自己哪些地方做得不错，哪些地方还需要继续改进。哪个问题你说了"不"，你的改变就从那里开始：

■ 你邀请顾客做反馈时，有没有让他们觉得这件事有意义？提供反馈的过程是不是又快又简单？

■ 你有没有把顾客反馈的分析结果分发给你的员工看？

■ 你有没有发现一些具体的个人问题并火速解决？

■ 你有没有分析反馈结果，并做出行动计划来改善公司的服务？

■ 你有没有调用相关人员和资源来落实你的行动计划？

■ 你有没有把反馈结果汇报给顾客，并告诉他们你下一步要采取的行动？

■ 最后，你有没有向顾客更新你的改善进度？

大招 54 调查顾客的最佳时机

若你想知道什么时候调查顾客最好，可用此大招。

很多公司频繁地做顾客调查，让他们反馈意见，而且努力把这件事做得很好。他们还使用净推荐值（NPS）和客户费力度（CES）来把这件事对顾客的干扰降到最小。

这都很好。

但很多公司都没有选对调查时机，要么太早，要么太晚，要么就在同一时段内调查的内容太多。

此外，有的时候公司甚至不清楚自己要调查什么……到底是要调查产品销售和发货方面的服务，还是要调查产品或服务的使用体验。同时调查这两项内容会让顾客感到疑惑，而且还可能会让客户关系受损，造成机会流失。

我认为，如果公司能花点精力更好地理解顾客的购物之旅，他们就能更深入地了解公司服务会带给顾客怎样的感受，也知道在做顾客调查时应该在哪些方面下足工夫。这还能提高顾客的反馈回复率，同时还能创造更多的机会和顾客保持联系。

给你看看这个例子。

想象一下我在商业街或在线商城买了一张床。现在很多像床这样的大件家具都是定制的，所以作为顾客，我们都会先付款，店家会告诉我们要等多久才能收到，之后就为我们安排发货日期。对吧？

我经常看到，在商家发货后，运货司机会给公司或其客服部门发一条消息，告诉他们商品已经送达目的地了。之后，公司的客服部门就会尽责地通过电子邮件向顾客发放一份反馈意见表。

　　问题就出在这里。这时，顾客会被问到购物体验和收货体验怎么样，以及他们觉得产品怎么样。但是，床是几周前买的，而且才刚刚到货，顾客可能都还没来得及在这张床上躺下。

　　我在不同行业看过很多类似的例子，公司在做客户调查时会问很多不合时宜的问题，或者在不合适的时间问太多问题。

　　这样做大多数是为了方便公司自己。比如，一封邮件或调查表比多张表更容易整理。这是在偷懒，而且也反映出你在倾听顾客方面愿意付出的时间和精力很少。

　　所以你要问问自己，何时才是让顾客反馈的最佳时机，以及你应该问些什么问题，这样你的调查才会更有针对性、更有用。

放大招

　　在一次访谈中，联通达软件公司（ContactEngine）首席执行官、联合创始人马克·史密斯博士（Dr Mark Smith）[5]提到了一家公司，这家公司因为选择了合适的时机进行顾客反馈调查而带来了巨大的好处：

　　■ 联通达公司通过各种渠道帮助了很多大公司，如维珍传媒公司和威克斯公司（Wickes）等，让他们与顾客联系从而改善了购物体验。

　　■ 其中一款应用软件帮助公司更好地与现场服务团队或流动服务员工进行沟通，同时也让他们能与顾客直接联系，解决预约确认中可能出现的问题。

■ 有一个经验之谈就是，在所有的预约服务中有 10% 的预约是未能完成的，无论是宽带安装、沙袋发货还是医生预约。

■ 绝大多数失约的原因是人们忘了这回事。

■ 这会对有着大量流动服务员工的公司产生巨大的成本影响，而且也可能对顾客体验造成很大的影响。

■ 所以，他们与客户合作，让客户能通过多个渠道（短信、邮件、视频、应用软件、电视，等等）与顾客沟通，在预约时间快到之前提醒顾客不要忘记，确保实现预约的服务。

■ 结果就是以下两点：

1. 降低了 10% 的失约率，提高了服务效率，也降低了服务成本。

2. 它让公司客户的顾客都非常满意。

■ 这项技术同时还能发送通知，告知公司所预约的服务已经完成，并随之触发公司服务系统向顾客发送一份调查表，评估顾客的满意度。

■ 大多数公司在完成交易之后很久才会做服务跟进或售后服务的预约。

■ 但他们拖得越久，顾客就越容易忘记这些购物体验中不错的地方，他们更容易想起那些不好的体验，并写在反馈表中。

■ 当联通达公司第一次帮公司客户完成顾客预约服务后进行反馈调查时，他们的预期回复率是 10%，相比在线调查通常是个位数的回复率，这样的回复率算是不错的。

■ 然而，由于他们是在顾客的购物体验完成后不久就做调查，回复率竟达到了 50%~75%。而且他们收到的不仅有顾客的评分，比如净推荐值评分，还得到了大量的逐字评价。

■ 所以，相比平时 3%~5% 的服务出问题的概率，这些调查结果给了提供服务的公司一个极好的机会，让他们能深入了解服务过程中出现了哪些问题、什么时候出现的问题，以及如何迅速地解决这些问题。

■　此外，顾客的逐字评价也用于其他两个领域：

1. 帮助公司更好地掌握现场服务工程师的表现情况，并发现可能的培训需求。

2. 发掘公司内个别员工的创新和好的操作流程，把它们推广到整个公司。马克举了一个燃气锅炉安装工程师的例子，他在安装时会在锅炉下方放一块小红毯，以便接住安装时掉下的灰尘和小部件。现在这种方式已经推广开来，被称作"红毯待遇"。

怎样放大招？

有一句老话叫作"机不可失，时不再来"，这句话用在顾客反馈调查上非常合适。要控制好调查时机，获得更好的调查结果，你要做到下面几点：

■　规划出顾客的购物之旅，并了解你的顾客调查应该处在旅程的哪个位置。

■　就像上面例子一样，想一想你有没有在合适的时机问出该问的问题？

■　如果没有，那就要修改你的调查，保证在最佳时机问出最合适的问题。

■　很多公司经常把调查反馈表批量发给大量顾客。这确实会方便很多，对公司很好。但这可能会导致顾客体验和反馈之间的时间延迟，从而减少对顾客的影响和相关性。想要得到更好的调查结果，那你就要改变这种方式，将批量的调查表变为针对于某个个人订单或服务互动的调查表。

大招 55　解读数据要审慎

> 若你想知道曲解顾客的反馈意见存在哪些风险，以及该如何应对这些风险，可用此大招。

收集反馈意见是一回事，分析数据和理解其意义是另外一回事。理解数据及其背后的涵义很有难度，需要专业的技能。

阿伯丁集团（Aberdeen Group）[6]是一家商业情报研究公司，他们的研究发现，如果公司能正确地解释顾客反馈的内容，合理使用高级分析技能和工具，他们就可以：

- 让公司年收益增长 10.5%；
- 让顾客满意度年增长 8.1%；
- 让年度服务成本降低 5.1%。

但是，如果对数据进行错误的解读，特别是对给出数据的对象进行错误的解读，公司将付出高昂的代价。看看乐购公司近年来碰到的问题，虽然他们可以通过积分卡项目获得海量的数据，但由于他们误解了顾客反馈的数据和顾客不断变化的需求，乐购已经不再是英国领先的超市了[7]。

之后，乐购公司考虑出售公司的数据挖掘业务[8]。这并不意味着他们不再青睐数据了，只是受了数据之累，现在开始反思并尝试回归到基本的方略上，希望公司能够恢复"魅力"，回归正轨。

放大招

大约一年前，我参加了一次客服领域的主题活动，事关呼叫中心的未来发展。活动中有一位发言者，我们暂且叫他大卫。大卫给大家讲述了一个他与银行客服中心打电话时发生的事。

大卫在开讲时就说，如果要他给自己和银行的关系打分的话，以 10 分为满分，他大概只能打 5 分。

但是这一次当他打电话给银行时，工作人员很快就接听了电话，没有费很多工夫就帮他解决了问题。所以在电话结束时，当客服中心让他为客户体验评分时，他给出了一个近乎完美的 9 分。

最有趣的是接下来发生的故事。

由于他的评分，这家银行开始给他发短信，觉得他已经是"9 分顾客"了，对银行是非常满意的，肯定也愿意把银行服务推荐给他所有的朋友、家人或周围其他人。

但问题是，如果让大卫给银行总体服务体验评分的话，他仍然还只是个"5 分顾客"，"9 分"只是他给那一次电话服务打出的分数。此外，他收到银行将他视为"9 分顾客"而发出的消息越多，就越觉得这家银行好烦。

调查顾客并让他们给出评分是很好的，这也是检验公司服务做得如何的一种不错的方式。当你想要为顾客提供优质的服务体验时，获得 9 分的高分总是令人激动的。但我们得注意，当我们在顾客评价中取得了巨大突破时，不要马上做出定论，一定要认清反馈结果的具体情况。在大卫的例子中，这家银行混淆了大卫对银行的整体感受和最近一次服务体验的感受。因顾客的某一次评价来推断他们的整体评价是很危险的，而且可能会对顾客关系产生更加负面的影响。

由于顾客的某次新体验，你和顾客的关系可能会在一夜之间发生巨变，但这种事不常有。所以，我们在利用和解读顾客反馈的信息时要特别慎重。

怎样放大招？

解读顾客数据时务必谨慎，要确保公司充分理解数据收集的具体情境。

如今公司能够获得信息的能力激增，但他们同时也面临一项新的挑战。担任 EXL 公司①高级副总裁、分析部联合主管和战略部主管的维韦克·杰特利（Vivek Jetley）在一次访谈[9]中提到，很多公司的"技能缺口"是确实存在的，这些公司可能很难找到合适的技能来分析、解读数据并从中发现应对方法。他进一步表示，技能缺口可能存在于以下两到三个方面：

■ 数据科学家——可以进行高级数据分析工作的人才。维韦克估计美国和英国在这方面有 30 万~40 万的人才缺口。

■ 更大的缺口是管理人员——通过适当的训练，能够就科学家对数据分析的结果进行利用、解读和决策的人才。维韦克估计这类人才的缺口是数据科学家缺口的 3~4 倍。

■ 另一个缺口是那些了解消费者行为和消费过程，可以将来自数据发掘的决策通过各种渠道贯穿实施的人才。维韦克估计这类人才的缺口在 20 万~30 万之间。

所以，如果要充分利用你获得的数据并从中找寻应对方法，你要准备雇佣一些有专业技能的人。但是你要知道这类人才通常很难找，你要早点开始行动。

---

① 译者注：EXL 公司是一家领先的运营管理与分析公司。

第七节

激励员工

前　言

在打造好的客户服务和客户体验时，我们经常忽略了公司员工的影响力，没有把他们摆在重要位置。但事实是，出色的客户体验是由优秀的企业文化和优秀的员工来设计、实现和支撑的。本节主要聚焦于公司在打造客户体验的过程中，如何考虑将员工放在核心位置，并提供一些关键大招；以及如何在公司形成合适的企业文化和员工敬业度，鼓励员工与公司合力打造一流的顾客体验和顾客服务，还会涉及与此相关的评估标准及改进方法。本节大招包括：为何树立简单的企业文化很重要；客户体验与员工敬业度有何关系；为何员工敬业度并非取决于员工；哪种方法最能提高员工敬业度，以及为何你要设计员工的工作体验。

大招 56 努力工作，友好待人

若你想在公司推行一种简单而有力的文化宣言，可用此大招。

著名的管理学思想家、教授、作家彼得·德鲁克（Peter Drucker）[1]曾说过：

企业策略只是企业文化的早餐。

很多认为文化是公司核心的人都会引用这句话，特别是那些因其客户服务和提供良好的客户体验而广受称赞的公司，比如John Lewis 百货公司，西南航空公司（Southwest Airlines），美国诺德斯特龙百货公司（Nordstrom）和 Zappos 公司。

但是，在很多案例中，企业文化就像企业策略一样，被过度包装，或者设计得太过复杂了，使得任何文化改革或倡议都变成了成功的障碍。

许多行业领先公司已经认识到，让企业文化和价值观尽可能简单是很有价值和力量的。

放大招

豪客慕（Hawksmoor）餐厅是一家发展迅速的英国餐饮品牌，这家餐厅就是通过以上这种方法获得成功的，在英国伦敦和曼彻斯特迅速成长起来。

在这个以高员工流动率和低员工敬业度为特点的行业里，豪客慕餐厅在《星期日泰晤士报》（*the Sunday Times*）2014 年"百强最佳雇主"[2]榜单上名列第 21 位，2015 年一跃上升至第 12 位，用事实证明了这个方法的成效和他们所取得的不俗业绩。

豪客慕餐厅创始人威尔·贝克特（Will Beckett）认为，餐厅之所以能提供良好的客户服务并创造良好的业绩，是因为有一批快乐的员工在朝着相同的高标准而努力。他认为餐厅成功的因素之一就是它的企业文化，这个文化被概括为"努力工作，友好待人"。

威尔在一次关于他们企业文化的访谈中[3]，谈到了以下几点：

■ 豪客慕鼓励员工释放个性，这样他们才会更快乐地工作，并为顾客创造更优质、更友好的用餐环境。

■ 豪客慕知道很多人在工作时是不快乐的，他们在"上班打卡"的时候会"调整"状态，变成"专业"的自己。然后下班的时候再变回真正的自己。于是豪客慕就做出改变，让员工在工作的时候就做真正的自己。

■ 这意味着他们餐厅的每张餐桌上都有不同用餐体验，这是根据不同员工的工作风格决定的，但顾客获得的服务质量是一样的。

■ 这让豪客慕吸引并留住了很多员工，他们很多人都很有个性，其他的餐饮服务公司可能不会雇佣这样的人。

■ 威尔认为豪客慕的主要任务是确保员工在这里快乐地工作，而员工的主要任务是确保顾客在这里快乐地用餐。

■ 最后，豪客慕认为，如果他们可以找到"努力工作，友好待人"的员工，那公司也一定能教会他们其他所有的东西。

怎样放大招？

像豪客慕那样简化公司文化并不容易，但这件事情很值得去做。

要把这件事做好，下面几个小贴士可以帮到你：

小贴士

如果豪客慕公司的文化宣言适用于你们公司,可以考虑模仿、修改或者直接复制。

如果不适用,想办法找到并推行你自己的简单的文化宣言,但要确保这个宣言保持在 7~10 字之间,不能再长。

你的企业文化宣言要与你希望员工努力达到的一系列标准相匹配。

或者你也可以考虑制定克里斯·埃德蒙兹(Chris Edmonds)[4]建议的组织章程:

■ 组织章程是公司的一系列规章制度,规定了公司的价值观和员工的义务,使之与公司销售和业绩等在公司的成功中占有同等重要的地位。

■ 组织章程包含四个要素,分别是:

1. 公司成立的目的(要做什么,为了谁做,要做到什么程度);

2. 公司价值观与行为准则;

3. 公司发展策略;

4. 公司发展目标。

■ 克里斯表示,那些落实了组织章程的公司在顾客满意度和员工敬业度方面提高了 40%,公司利润也由此增加了 35% 甚至更多。

若你想知道更多关于制定组织章程的内容,可以看看克里斯的这本书:《文化引擎:驱动结果、激励员工及公司转型框架》(*The Culture Engine*:*A Framework for Driving Results*,*Inspiring Your Employees*,*and Transforming Your Workplace*)。

大招 57　客户体验与员工敬业度的关联

若你想理解员工的高敬业度能促成极佳的客户体验，以及用什么指标能更好地理解员工的敬业度，可用此大招。

打造并提供好的客户服务和客户体验不仅仅只和公司技术、交易流程和管理系统有关——它也和员工有很大的关系。不是跟那些只管打卡上班、打卡下班的员工有关，而是跟那些关心本职工作、关心顾客体验、关心公司发展的员工有关。

这些就是真正敬业的员工。

但是，盖洛普（Gallup）公司 2012 年的研究[5]发现，美国和英国分别只有 30% 和 17% 的员工认真投入到自己的工作中，而全球平均只有 13% 的员工是这样的。更令人担心的是，盖洛普公司自 2000 年就开始进行这项研究，而多年追踪调查的结果并没有什么明显的变化。

不过，盖洛普公司进一步的研究表明，如果公司能努力地创造、建设并不断培育一个高度归属感的工作环境，他们就能在许多方面做得比同行更好。比如，他们的研究[6]表明，有着高度归属感工作环境的公司：

- 旷工概率减少 37%；
- 根据行业不同，员工流动率有 25%~65% 的下降；
- 质量问题最高能减少 41%；
- 安全问题减少 48%；
- 公司规模缩水减少 28%；
- 顾客评分提高 10%；
- 生产率提高 21%；

■ 利润增加 22%。

此外，Temkin Group 统计机构在 2015 年"员工敬业度标准研究"[7]中发现，有着市场领先的客户体验的公司，其敬业员工的人数比大部分同行多了 50%。

但是，什么是敬业呢？一个敬业的员工是怎样的呢？

好吧，敬业的定义太多了，如果你上网搜索一下"什么是员工敬业度"，你会看到无数个相似但略有不同的定义。

我只能说敬业的员工有很多种，但总而言之他们都比较热情奔放、积极向上、很有创造力，愿意为工作付出更多，推动公司向前发展。而且很多时候他们很容易将公司的发展目标和他们的工作建立起情感联系。

无论他们是谁，无论他们看起来是什么样子，有一点很清楚，那就是敬业的员工是公司发展和壮大的关键因素。他们也是完成公司事务和打造良好客户体验的基础。

放大招

宠物之家（Pets at Home）公司的员工非常敬业，该公司也因此受益匪浅。在一次访谈中[8]，宠物之家的前人事主任赖安·切尼（Ryan Cheyne）谈到了一些提高员工敬业度的妙招和见解，包括他们是怎样做的，以及这样做给公司带来了哪些好处：

■ 宠物之家在 2013 年《星期日泰晤士报》的"百强最佳雇主"榜单上位列第一，前一年他们是第二名。

■ 不过对他们来说，参加《星期日泰晤士报》的比拼只是一个指标，用于衡量他们能否打造一个真正吸引人的工作环境，以及在这方面做得怎么样。

■ 员工敬业度可能会成为过时的人力资源方面的术语。但事实上这是个"长征"，宠物之家花了 8 年时间才走到了今天。

■ 对宠物之家而言，员工敬业度意味着公司所有员工都真正"准备好了"，他们对工作充满热情，充分理解本职工作与公司的发展息息相关，并全情投入。

■ 要提高公司的员工敬业度，就要做到三点：

——1. 雇佣合适的人才；

——2. 对他们进行培训，给他们提供工作中需要的合适工具，训练他们的专业技能，保证工作完满完成；

——3. 给他们奖励，并认可他们的成绩。

■ 刚开始时，公司没有任何数据可以支持他们要做的事情。这感觉就像在做"一件正确的事情"。这是一种"放手一搏"。但是，8 年的努力之后，他们现在有了海量的数据，可以证实这个策略给他们带来的经济效益。

■ 这些举措实施起来并不复杂，也没有什么陷阱。但当你和员工打交道的时候，要经过一些磨合才能逐渐有效。

■ 虽然公司有 92% 的员工都在家里养宠物，但这不是他们来宠物之家工作的前提条件。不过在招聘时，公司最看重员工的一种特质是他们能"懂"宠物，因为他们知道不是所有人都有条件养宠物。

■ 但是，他们也知道，不是所有"懂"宠物的人都能很好地与人相处，并愿意做一些零售行业的复杂工作。所以，他们在招聘理想员工时要努力寻求这两者之间的平衡。

■ 根据服务利润链原则[9]，公司的商业模式是这样的：如果公司雇佣了合适的员工，提供了很棒的工作环境，员工就会提供优质的客户服务，从而增加收入。

■ 公司还知道，当店里的员工敬业度最高的时候，他们获得的顾客反馈分数就会越高，顾客每单的交易额也更高。

■ 当赖安加入公司时，公司的员工流动率超过70%，每年用于招聘新零售管理人员的开销达到30万英镑。现在，公司的实体店数量已经翻了一番，而每年的招聘成本只有3万英镑了，因为员工流动率已经下降了很多。

■ 虽然很多人可能会嘲笑这种方法很"笨"，但赖安相信（而且他们的数据和业绩也支持这一点），虽然做这种笨事情很难，但是成效很明显。

■ 公司发现，认可员工的贡献最有力、最持久且最有效方法是手写字条。

■ 当在《星期日泰晤士报》榜单上排名第一之后，公司就决定不再参与比拼了，转而寻求难度更大的挑战。而且他们还在持续努力，朝着西南航空、苹果、谷歌和Zappos等其他出色的公司看齐。

■ 最后，公司实现了目标，即成为全球最好的宠物店和一个非常吸引人的工作单位。

怎样放大招？

打造良好的客户体验，你需要优秀的人才。员工优秀的程度取决于他们对公司的归属感有多强以及公司想要实现的目标有多高。但是，在公司进行员工敬业度调查并迅速了解团队的敬业度之前，需要收集以下几个指标数据：

■ 员工旷工率；

■ 员工流动率；

■ 工作会议参与度；

■ 项目按时完工度；

■ 有新想法的团队成员数；

■ 团队达成目标数。

一旦你获得了以上数据，你就要问自己下面这几个问题：

1. 这些数据体现了公司怎样的健康状况？

2. 把这些数据和同行业或相关行业的公司比，结果如何？

这些指标不一定是完美的，但它们可以让你更好地了解公司员工的敬业度。

毕竟，重要的是做什么，而不是说什么，不是吗？

大招 58 敬业度不是命令来的

> 若你想了解并找出员工敬业度的真正驱动力，可用此大招。

通常，当公司发现或意识到员工的敬业度有问题时，他们的第一反应就是委托一家公司来做一次员工反馈调查，或者也会找一些"工具"来帮助提高员工的敬业度。

事实上，如果你搜索一下"员工敬业度"，在不同的定义中，你会看到各种各样的链接，都是关于帮助企业提高员工敬业度的各种调查问卷、分析工具、项目模板和可行策略，等等。

这些都是好东西。

但是，如果你看看相关研究，尤其是盖洛普公司对员工敬业度的研究[10]，你会发现管理者的素质解释了"员工敬业度分数中70%的差异"。

所以，我们可以总结出一点，员工敬业度不是通过下命令获得的，它在很大程度上取决于管理者的行为和表现。

放大招

凯文·克鲁斯（Kevin Kruse）是一位员工敬业度方面的畅销书作者，也是 Kenexa 公司（2012 年被 IBM 公司收购）的前合伙人，Kenexa 公司是员工敬业度领域的领航人。在一次访谈中[11]，他给出了一些妙招来帮助公司创造合适的工作环境以提高员工的敬业度[12]：

■ 要让员工敬业，管理者和员工都要努力，仅靠员工自己的能力是不够的。这件事需要双方协作、共同努力，双方都有义务和责任做出自己的贡献。

■ 凯文讲述了职业生涯中最重要的"3 个 P"原则，即：

1. 热情（passion）（你喜欢做什么，什么能叫你起床，什么让你觉得开心）；

2. 目的（purpose）（你想在哪一行服务，你想在什么领域做出自己的贡献）；

3. 待遇（pay）（你能靠什么谋生，你想实现什么样的生活水平）。

■ Kenexa 公司的研究表明，超过 70% 的敬业度（员工在工作时的感受）取决于以下三件事：

1. 成长（个人挑战和职业挑战）；

2. 认可（感觉自己得到欣赏）；

3. 信任（不仅仅关乎道德，而是说员工相信自己的前景是光明的）。

■ 员工敬业度调查如果做得好的话，就可以发现公司在哪些地方需要继续努力。如果做得不好，那这种调查就只是为了装点门面，浪费财力和物力。

■ 但是，员工敬业度调查既不是最重要的也不是终点。管理者在成长、认可和信任三方面做出的行为改变，能得到更大的回报。

■ 公司对待员工的方式将直接影响员工对待顾客的方式……这是不那么常见的常识。

■ 员工敬业确实会带来更好的经济效益。Kenexa 公司的研究表明，员工敬业度最高的上市公司，比如那些排名前 25% 的公司，其股价是排名后 25% 的公司的 5 倍。

■ 很多公司面临的挑战之一是，他们可能不知道培养敬业的员工需要怎样的领导力、管理方式和企业文化。尤其是那些等级森严、完全以军事化或工业式模式、通过上传下达的指令进行管理的公司，他们管理任务，把员工作为资源来管理。

■ 员工敬业度其实取决于员工和老板之间的关系。

■ 简而言之，我们面临的问题就是：我们大多数人只是任务的管理者，而不是员工的领导者。

■ 我们面临的挑战就是，我们要更多地思考如何做好员工的领导者，而不仅仅是任务的管理者。

■ 最后，给所有的管理者一条忠告：不要再对着电脑了，多花点时间和你的员工相处吧。

怎样放大招？

当面临员工敬业度的问题时，很多公司以为只要增加内部沟通频次、提高沟通质量或做更多的调查就能提高员工的敬业度。这可能会有效。但没有人能保证一定会有效。

ResponseTek 公司是一家客户服务软件解决方案提供商，其首席执行官赛义德·哈桑（Syed Hasan）在一次访谈中[13]总结了客户服务与员工敬业度，他说：

■ 打造客户服务时，公司不能只在高管层决策。

■ 打造客户服务时，光拍脑袋可不行，公司要让一线员工参与，让他们成为参与者。

■ 合理的报酬、有趣的工作和在公司的话语权似乎是提高员工敬业度的关键。大多数公司都会着重关注前两点，却忽略了最后一点，而这才是真正的价值所在。员工能为公司贡献很多，而话语权是让他们全身心投入的关键因素。

不过，让员工有话语权并不是公司唯一要注意的地方。多个研究[14]表明，员工敬业度有好几个驱动力，可大体上归为以下

几类:

员工敬业度的驱动力
需要良好、即时的公司管理。
双向沟通,相互倾听、相互回应并协同行动。
高效的团队运作与合作。
对出色工作的认可。
允许员工影响公司的决策(比如倾听他们的意见并采取行动)。
有能鼓舞员工士气、帮助员工成长、引导员工职业发展的领导、经理或主管。
为员工配置能发挥他们一技之长的职位。
定期对工作进行反馈,同时也问问你自己的工作做得如何(作为经理/领导/管理者)。
有真正关心员工的领导团队。
友好互助的团队成员。
具备完成工作必需的工具和资源。

对于那些想要提高员工敬业度的公司来说,这些驱动力组成了一张清晰的"待办事项清单"。

比对这张清单,你的公司做得如何呢?

大招 59　也要打造员工体验

> 若想要在公司打造一种与客户体验相匹配的员工体验，可用此大招。

在本书中，我们已经知道要打造全面而出色的客户体验，公司就要构建雏形、做好规划、贯彻实施并适时调整，从而不断改善服务质量。

我们也知道要打造出色的客户体验，还需要出色的员工。

但是，2015 年国际数据公司（IDC）的调查[15]结果显示，虽然 81% 的公司表示会通过顾客满意度调查来评估顾客的满意度和顾客体验的情况，但接近 70% 的公司不会评估员工体验。

那么，他们怎么知道公司在员工管理方面做得好不好呢？又怎么知道这一点能不能做些改进呢？

因此，就像面对顾客一样，公司如果想要发掘、聘用、培养、挽留优秀员工，就也要好好想想如何规划员工体验的问题。

放大招

拓客（Talk Talk）公司前人才管理部主任乔·泰勒（Jo Taylor）非常同意这一点，她认为公司如果不努力打造一种美好的员工体验，就会错失良机。在一次访谈中[16]，她更深入地解释了这一点。乔说：

■ 现在的员工想要好的员工体验。

■ 奖励（不只包括经济奖励）和认可是打造员工体验的重要方式，同时也能发展"高度互动"的文化。

■ 公司要记住，他们是在和两类人群交易：顾客和员工。

■ 很多公司把自己的求职网站外包给第三方管理，并且为了省钱也不做第三方网站的品牌管理，这样做会令公司无法实施员工体验的一些妙计。

■ 真正让一个地方变成良好工作场所的关键在于那里的人，以及能让他们释放潜力的措施。

■ 公司的每一个成员各有所长，且都有能为公司目标做出贡献的机会。

■ 但是，很多公司太过关注前 100 位重要人物，以及这些人是如何管理公司的，却在此过程中忽视了大部分的其他员工，忘记了公司里的绝大部分工作是他们完成的，企业文化是他们创造的，与顾客的沟通也是通过他们得以进行的。

■ 乔认为员工体验就像公司推出新产品或新服务那样，也有三个阶段：准备阶段、启动阶段和平稳运行阶段。

■ 就像打造新的客户体验一样，公司应该不断打造员工体验，而且要着重让这种体验尽可能好，这样员工们才会就就业业，确定自己选择在这里工作没错，然后也会好好工作、认真履职。

■ 很多公司在员工在职阶段的体验投入很大，但在入职前的阶段却只花了一点点钱。

亨利·斯图尔特（Henry Stewart）是《快乐宣言——打造快乐的工作场所》（*The Happy Manifesto*）[17] 一书的作者，也是培训咨询公司 Happy 的首席执行官。他深入研究了员工体验的理念，并在原有基础上又增加了员工"离职阶段"的体验。在一次访谈中[18]，他说：

■ 在 Happy 公司，公司与员工不会不欢而散。当要裁员时

（这并不常有），公司不会直接开除员工。相反，公司会采取一些措施帮助这些员工转岗到另外一个项目。这意味着，即使公司不得不让一些员工离职，这些人也不会抱怨公司。

■　这个思路最大的好处在于，公司的招聘因此变得极为容易。Happy 公司有一份很长的等待入职名单，那上面显示有 2000 个等着来公司工作的人。在最近一次招聘工作中，公司需要新聘几位培训师或培训助理，完全没有打任何广告，没有招聘顾问，也没有产生任何外部成本。公司所做的仅仅是给等待入职名单上的人发出一封邮件，结果收到了 92 份申请，最后招到了 3 名新员工。

怎样放大招？

如果在打造员工体验时，你没有用到与打造客户体验相同的方式和工具，这是毫无意义的。如果你不打造员工的体验，岂不是让客户体验的很大部分都成了碰运气吗？

如果你还没有开始打造员工体验，那就像打造客户体验那样，从规划工作之旅开始，但这一次你要把员工放在核心位置。

用这样一个稍做修改的旅程规划工具（或示意图）来帮助你规划和落实员工的工作之旅。

这样做可以帮助公司显著提高其吸引、招募、培养并留住那些优秀员工的几率。

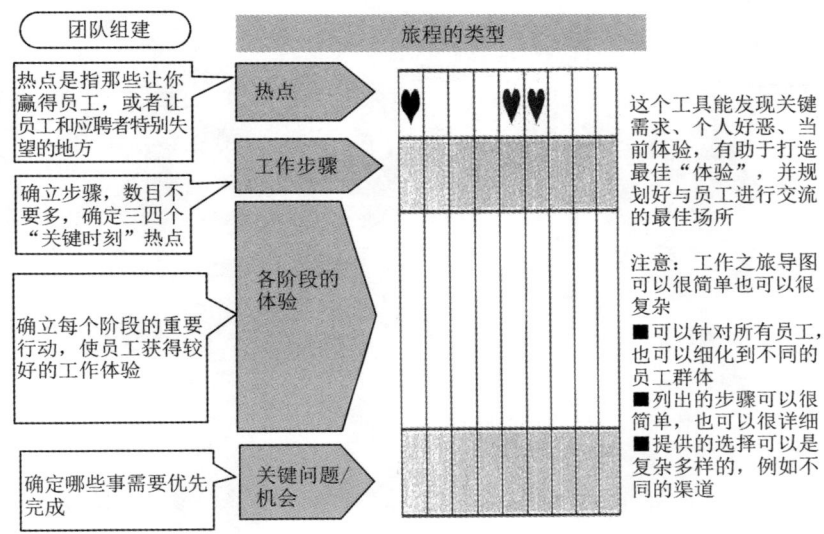

图 7.1　员工工作之旅示意图

第八节

领导公司

前　言

　　领导力是公司发展和提供世界级客户体验的关键，客户服务也不例外。公司领导需要考虑何为正确的行动路线，何为合适的组织结构，如何应对竞争的发展，如何超越竞争对手，以及如何与顾客打成一片。与此同时，公司领导还需考虑如何发展自身才能引领团队、树立良好的企业文化，以此支撑任何世界级的客户体验。要做到这些并不容易。所以，这一节将涉及公司领导在打造和实施完美的客户体验时要考虑的一些问题，并和大家分享一些妙招。比如公司领导是否应该考虑改变组织结构来改善客户体验？怎样改变组织结构才能更灵活地应对顾客的需求？系统思考怎样提供一种改变客户服务和体验的途径？为何将评估指标变为考核目标很危险？怎样才能使企业文化远离目标业绩导向型文化而靠近行动导向型模式？此外还提供了一些个人的经验教训。

大招 60　打造最有利于客户体验的组织结构

> 若想讨论或评估你的组织结构，并了解该结构是不是打造你所期望的客户体验的最佳组合，可用此大招。

多年来，我们看到过各种各样的组织结构，有专家技术型、职能部门型、市场驱动型、区域分治型以及矩阵结构型，等等。

但是，随着产品市场、公司竞争、顾客行为和消费偏好，以及技术革新等的显著变化，近年来，一些传统的、尤其是以职能为基础的组织结构开始遭人诟病。批评的意见包含多个层面，比如组织结构不够灵活，不能及时应对市场变化；各部门独自为政，部门之间难以合作；还有人甚至提出这样的组织结构已经不再符合公司的发展目标，满足不了现代市场、客户群体和员工工作的需要。

所以，关于哪种组织结构最好、对打造让顾客和商家同时受益的客户体验最有利，业界总有持续不断、形式多样的讨论和创新。故此，很多公司都在尝试或正在向新的组织结构转型，比如：

■ 合弄制[1]，深受顾客和员工青睐的 Zappos 公司采用了这种组织结构；

■ 基于团队的扁平化网格型组织结构[2]，美国戈尔公司（W. L. Gore & Associates）[3]采用了这种结构，他们的目标是"赚钱并从中获取乐趣"，并不断地让顾客满意，他们在英国和美国都是最佳雇主之一[4]；

■ 民主化组织结构[5]，已上市的 WD-40 公司采用了这种结构，他们生产同名的 WD-40 润滑剂，在最近 6 年中，公司的股价（截至写稿时）已经涨了 4 倍，而且在员工敬业度调查中，公司 2104 名员工的敬业度达到了近 94%[6]。

所以，哪一种组织结构最适合你的公司呢？

有人认为公司形态应该由公司职能决定。但真是如此吗？也许决定公司形态的是成功的标准，而非公司的职能。

"哪种组织结构最适合你的公司？"这个问题的真正答案应该是：看情况。它取决于公司的市场情况、顾客群体和员工队伍。但是，很明显你不能再想当然地认为传统的基于职能的组织结构是最好的。

怎样放大招？

极冒险（G Adventures）公司是个很好的例子，这家公司对自己的组织结构做出了重大调整，从而更好地吸引顾客和提高员工敬业度。

极冒险公司是全球最大的小团探险旅游公司，在这个利基市场，他们是行业佼佼者，最近 20 年里，公司一直保持着两位数的增长率。他们的业务遍及全球 100 个国家，每年销售量达到 1.7 亿美元，员工有 2000 多人。

在一次访谈中[7]，极冒险公司的创始人布鲁斯·庞·迪伯（Bruce Poon Tip）告诉我：

■ 传统的企业把效益和增长放在首位，然后再考虑其他。而他们公司推崇活尾哲学[8]，把员工和公司文化放在首位，其他的则一一归位。

■ 他们公司的结构能够应对周围的变化，而且能让他们的顾客和员工成为最大的品牌支持者。

■ 极冒险公司已经撤销了人力资源职能，因为布鲁斯认为它的作用就是掌控和"管理"业绩最差的 10% 的员工。但它也会扼杀员工的表现，所以被撤销了。

■ 布鲁斯还自动卸掉了 CEO 的头衔，因为他想确保传统的 CEO 职位不再是公司最重要的职位。

■ 公司最重要的职位是直接与客户联系的员工，所以极冒险公司每一个直接与客户联系的员工都有着首席体验官（Chief Experience Officer）的头衔……而且公司有数百位拥有这一头衔的员工。

■ 这让员工从情感上更加以顾客为中心，要聚焦于公司外部。

■ 这也让所有员工团结在一起，尤其是那些遍布于全球 100 多个国家的团队。

■ 布鲁斯特别喜欢从公司合伙人、公司员工的孩子那里听来的故事。特别享受这些故事告诉他，他们所从事的事业、公司的组织结构、公司的运营目标对他们个人和家庭生活带来的积极且长久的影响。这并不是说他们所做的工作有多么不同，而是他们正为一家被自己深深信任的公司工作，这一切比纯粹赚钱更有意义。

■ 布鲁斯撰写的这本书《活尾》（*Looptail*）讲述了极冒险公司及其转型的故事。它既是一份公司内部文件，也是一本供大众阅读的书。

■ 这种做法使得公司逐步从传统的层级结构转向更扁平化和更具"环绕"性的结构！这有助于他们将领导力置于决策中心，但同时又能给予员工足够的自由，从而推动公司持续的创新，创造出色的业绩并带来顾客和员工高度的忠诚度和敬业度。

因为该公司是基于多个"圆圈"的交织体系，所以被拿来与"合弄制"体系进行比较。但是，在"合弄制"的组织结构中，公司是以要完成的工作任务为中心来组织自己，而不是以承担具体岗位职能的员工为中心来组织自己。

怎样放大招？

仅仅因为你曾以某种特定的方式来组织公司并不意味着你应该一直用这种方式做下去。公司要生存和发展，就必须适应环境。

但是，我给出上面的例子，并不是说公司在思考哪种组织结构最适合以及想达到什么目标时，都要考虑这种"圆圈"式的组织结构。

关于组织结构，公司领导得问自己下面这几个问题：

关于组织结构的几个问题
你的组织结构是不是足够灵活，可以快速应对变化的市场和客户需求？
你的公司是否受到各自为政的工作方式的困扰？
各自为政是不是阻碍了公司内部的有效合作？
公司的各部门或职能小组能否为打造最佳的客户服务而团结协作？
如果不能的话，公司应该做些什么？
如果对公司结构做出调整，能不能改善客户体验呢？

大招 61 更灵活地应对客户需求

> 若想让公司变得更加灵活，能随时准备应对日益变化的客户需求，可用此大招。

公司变得更"灵活"、更能响应顾客需求的能力被视为竞争优势的一个日益重要的来源。

但是，谈论灵活是一回事，要真正变得更灵活又是另外一回事。

在与客户服务和客户体验领域的一些公司领导和高管进行一系列讨论[9]后，我发现了一些公司需要克服的障碍，它们严重影响了公司应对客户需求的灵活性。

需要克服的障碍

缺乏一致性： 公司的资源团队都要以实现共同的目标为核心，与公司品牌和客户群体保持一致，而不能只关注本部门的利益。

害怕复杂性： 随着不断发展，公司会变得越来越复杂。公司要在每个关键时刻与这种复杂性做斗争。

不同的客户关系： 在任何时点上，公司都会有处于不同购物环节的顾客群体，他们和公司的关系也是不同的。处理好这些关系必须十分小心。

缺乏对客户的了解： 即便是现在，很多公司都很难了解他们的顾客、顾客的需求以及理想的顾客是谁。

缺乏对市场的了解： 尽管不断变化的市场和竞争态势带来了极大的挑战，很多公司却在应对变化的策略方面安于现状了。

害怕改变： 改变从来都不容易，很多公司都拒绝改变，一定程度上是因为害怕——害怕未知、害怕改变的速度、害怕竞争、害怕客户，等等。但是，如果不加以克服，公司可能会僵化。

放大招

在一次访谈[10]中，佩格系统公司（Pegasystems）创始人和首席执行官艾伦·特雷弗莱（Alan Trefler）也谈到了这一点，他建议：

■ 如果公司不能灵活应对客户需求、把客户放在中心位置，他们将会面临"客户危机"，面临被自己的客户抛弃的风险。

■ 令人惊讶的是，公司现在可以迅速地从成功（比如诺基亚和黑莓手机公司）走向失败或绝望。

■ 只有学会从不同的视角来看待你的公司，公司才能繁荣发展。

■ 把这件事做好，你不仅能改善顾客的忠诚度，还能简化业务流程，同时节约成本。

怎样放大招？

如果公司要保持繁荣，一定要更加灵活地应对客户需求。对有些公司来说，这可能意味着他们要采用新的组织结构；对另外一些公司来说，他们认为目前的组织结构是比较合适的，但还得关注一些其他的难题，比如一致性、复杂性、了解并应对变化。

就公司面临的这些难题，我询问了采访过的那些公司高管，公司应该怎么做才能变得更灵活，能够更好地应对客户需求。他们给出了下面五条建议：

如何更灵活地应对客户需求

团结协作，共同思考： SDL 公司的首席执行官马克·兰卡斯特（Mark Lancaster）建议，公司应该把各自为政的职能部门联系起来，这样才能更好地协同合作。这虽然不是万能的方法，不过，让员工拥有一个分享和交换信息的平台是个很好的开始。

了解影响，悉心管理： SundaySky 公司总裁吉姆·迪斯科（Jim Disco）建议，公司首先应该明确把客户放在公司的核心位置意味着什么。然后，公司领导必须理解任何提议的改变会带来的影响，并悉心处理好这些影响。

逐步改进，持之以恒： 艾默生（Emerson）公司高级执行副总裁查理·彼得斯（Charlie Peters）建议，公司应该注重渐进式的持续改进，而不是突然的变革。他说这些逐步改进会让客户受益，因为客户们一直看重的产品或服务的某些价值没有变化。所以，如果要改善客户服务，可能涉及的是改进，而不是变革。

加快速度，灵活决策： Intelliresponse 公司总裁、首席执行官大卫·劳埃德（David Lloyd）建议，公司应该注重改进他们的决策制定及决策方法，让决策过程更快、更灵活。他主张情况分析和决策过程应该不断迭代——短时间内做出很多的小决定——这能让企业规避过大的风险。

强化意识，克服恐惧：《行动！追求卓越行动力》（*DO! The Pursuit of Xceptional Execution*）一书的作者凯文·凯里（Kevin Kelly）曾引用了 2007 年《哈佛商业评论》中的一篇文章[11]。该文指出，当代企业领袖最重要的特质就是自我意识。他建议高管团队应不断强化自我意识，以认识、管理和克服董事会内部存在的"恐惧"。只有这样，董事会才能对自己和彼此产生足够的信心，以此应对未来那些复杂而不断变化的挑战。

大招 62 舍旧迎新、助力客户体验

> 若你正在考虑让公司转型和尝试新的工作方式以打造出色的客户体验，可用此大招。

我们的世界日新月异，变化速度非常快。要让公司不断地发展，让自己变成成功的领导者，一个核心的技能就是学会适应。

然而，在现实中，适应意味着公司必须做出选择；为了创新必须选择舍弃一些东西。这并不容易，而且需要你挑战、质疑和摈弃一些传统理念和行为方式。要做到这一点，在采取新的运营方式之前，我们需要"舍弃"一些陈旧的行为方式。

放大招

英杰华集团（Aviva）就是这样一家成功舍弃了原有的客户服务和体验方式的公司。在一次与该集团前任系统思维部门主任罗布·布朗（Rob Brown）的访谈[12]中，他解释了一下他们所做的工作：

■ 他们要解决的问题是搞清楚怎样才能让客户服务更高效。

■ 但是，他们发现无论怎样做，客户服务只会更差。

■ 所以，他们决定尝试一些不同的方式。从 2008 年开始，公司开始了"舍弃"之旅，并采用了一种叫作"系统思维"的方式。

■ 他们采用了先锋方法（Vanguard Method）[13]，这个方法是约翰·赛登（John Seddon）提出来的。该方法要求公司忘记之前管理企业的方法，转而将注意力放在只对客户有利的地方，任何与客户利益无关的事情都去除。

■ 为做到这一点，他们与一线员工合作，发现服务中存在的问题，并对服务做出必要的调整和改进。

■ 所以，很多后台完成的程序性工作都直接交给一线员工来做，当发现问题时，这些员工就能直接参与并当场解决。

■ 这样做可以减少投诉和客户来电咨询的次数，也提高了客户满意度，同时还帮公司节约了数千万英镑的运营成本。

■ 英杰华集团在其养老保险业务中试点了这个方法。实施后，顾客满意度得到了显著提升，目前已经达到了80%～90%，而员工敬业度也从不到50%上升到了70%。

■ 罗布表示，英杰华集团曾经认为给顾客提供理想的服务要花很大的成本，但后来发现实际情况正好相反。通过合适的方式给顾客提供理想的服务更有效率，对公司更有利。

怎样放大招？

多数时候，公司很难做出改变，尤其是那些要求我们用不同的方式做事并"舍弃"旧方式的改变。但是，如果能成功地接受挑战、解决难题，那公司也能获得丰厚的回报。

对于那些想深入了解系统思维如何帮助公司的领导者，先锋方法的提出者约翰·赛登在一次后续采访[14]中给出了以下建议：

建议
如果公司常规性地接到顾客打来的电话，比如呼叫中心，那你应该亲自去听一听这些电话。 对于每一个你接听的电话，问你自己这通电话是出于以下哪种情况： ——自身利益需要，比如顾客向你咨询跟他们利益相关的事情（如更新订阅、下订单、增加订单或提供反馈）。

续表

建议
——公司服务出现问题，比如公司服务没做到位或出错了（如产品或服务质量出现问题、发货有问题、发票出错了、没收到合同、第一次顾客来电时没能解决问题，或是他们在公司网站上没能找到想要的答案）。这样做能让你知道公司服务哪方面没做好，出了问题；或更确切地说，是公司哪块职能出了问题或是没有做对。
下一步你就要搞清楚"公司服务出现问题"的情况是不是定期出现，是不是预料得到。
如果是定期出现并且预料得到，那你可以做个计划，改进自己的系统，以后就能减少这种问题的发生。
这样做能减轻公司的客服工作负荷，使他们更专注于为顾客提供增值的服务。

大招 63 用行为而不是目标来改善客户体验

> 若你想让公司转型，并引入一种将客户放在你所做的一切事情的中心的新行为方式，可用此大招。

很长一段时间以来，公司、团队和个人都会用目标来体现工作重点，提高工作业绩。这对很多公司和岗位来说很管用。

但是，如果这个目标没能设定好，或者没有考虑清楚，可能会导致错误行为的产生，与公司追求的目标、顾客群体管理以及打造出色客户体验的初衷背道而驰。

回想一下英国最大的商业街保险零售商 Swinton[15]，2013 年 7 月，该公司因误导销售和误导顾客被英国金融行为监管局（Financial Conduct Authority，简称 FCA）罚款 730 万英镑。FCA 将这一行为归咎于 Swinton 公司在附加保险产品销售中冒进的销售策略，谴责他们未能给顾客提供详细的产品信息和保险政策的核心条款。

如此一来，很多公司开始意识到目标管理对公司文化和客户体验可能产生的不利影响。他们的业绩评价体系开始出现转型，逐渐过渡到更加注重具体行为以及顾客满意度的测量，而不是销售目标的实现。

Lookers 公司是一家大型的汽车零售商，在英国拥有 120 个 4S 店，每年售出新车和二手车共计约 14 万辆。他们通过改变行为来改善顾客体验方面声望斐然。在《每日电讯报》（*Telegraph*）2015 年 8 月份的一次采访[16]中，该公司首席执行官安迪·布鲁斯（Andy Bruce）这样说道：

很多人在走进汽车展厅时觉得自己好像走进了狼巢虎穴，这

是汽车行业为自己在顾客心中塑造出的形象。

　　为了改变这种形象，向顾客传递汽车行业真正的文化，Lookers 公司正在试用新的工资方案，舍弃传统的低底薪加提成的工资构成方式，用更高的底薪加上基于顾客满意度的其他业绩表现取代它们。

放大招

　　再看一个例子，还有一家公司也正在逐步抛弃传统的基于目标绩效考核的企业文化。因为公司发现原来的企业文化没有把顾客放在第一位，也影响公司打造出色的客户体验。

　　Principality Building Society 公司创立于 1860 年，是威尔士一家建筑集团公司，总部设在加的夫（Cardiff）。这是威尔士最大的建筑公司，在英国排名第六。在一次采访中[17]，该公司的分销部主任达米安·汤普森（Damian Thompson）讲述了为打造更好的客户体验和建立良好的企业文化，公司是如何从目标导向型逐步转型为行为导向转型企业的：

　　■ 公司的目标是舍弃原先那种基于个人绩效考核的企业文化，转而关注那些能够支撑客户服务和凸显公司差异定位的行为。

　　■ 这一转变的核心是公司如何向顾客寻求反馈。

　　■ 在大多数公司，寻求顾客反馈和发送调查问卷的工作是总部完成的，在顾客体验和发出调查问卷之间会有很大的时间差。此外，对反馈意见的处理结果也要经过漫长的时间，才能到达最后为顾客提供服务的那位员工手里。

　　■ 所以，该公司授权直接服务顾客的员工在服务结束后即可寻求反馈。他们还会征求顾客的建议，进一步改善公司的服务。

■ 这种方式有利于公司打造一个更以顾客为中心的组织结构。

■ 此外，当公司收到顾客的反馈之后，所有员工，包括各级服务渠道、办公室以及分公司员工都可以看到这个反馈。

> **根据顾客的反馈做出改变的例子**
>
> 有一位顾客和她年迈的妈妈来到一家分店，在提供反馈意见的过程中，顾客提到公司没有一把椅子是有扶手的，而她妈妈得扶着扶手才能站起来（她妈妈膝盖不好）。这一信息在整个公司得到了分享，有几家分店在收到意见后提议在每个面谈室都放一把有扶手的椅子，这样就能方便那些有类似情况的顾客了。第二天这个提议就通过且落实了。
>
> 当顾客到公司和员工见面时，可能要持续一到两个小时，公司员工会给顾客倒一杯茶或咖啡。很多公司通常是用自动售货机里的茶或咖啡。这样的茶和咖啡与在家喝的肯定不一样。有的顾客注意到了这一点，并反馈给了公司。所以，公司开始提供"真正的"茶和咖啡，并且保证所用的原料都来自当地的商店。这个小技巧得到了很多顾客的表扬。

■ 现在公司已经扩展了转型计划的范围。为支持知识共享，公司还开发了一个内部论坛，在这里员工们可以分享自己的工作经验和所做的改变：哪些成功了，哪些失败了。

■ 这也使得公司推行了这样一种文化，不仅奖励那些客户服务做得不错的"金牌员工"，同时还奖励那些能够分享良好经验的员工，这些经验可以是来自公司内部的，也可以是来自其他公司的。

■ 达米安认为他们的转型计划之所以成功，可以总结为以下三个要素：

1. 自我管理——公司鼓励员工像小时候那样不断学习和进步。

2. 他山之石——公司鼓励员工关注并分享他们在各分公司内部做过的或听到的可以帮助身边同事的事情；公司还鼓励员工就出色的服务体验，分享他们在公司以外的所见所闻或切身体验，让公司从中学习和受益。

3. 快速行动——他们怎样以最快的速度做更多好的工作。

■ 公司收效良好。比如，他们的净推荐值（NPS）很高，顾客满意度达到88%，员工敬业度达到90%左右。此外，他们的顾客反馈回复率达到了约50%。

■ 通过不断完善顾客反馈流程，确保公司获得进一步的好处。公司能跟顾客说："您跟我们反映了这件事，我们已经处理好了。"

■ 公司的转型计划已进行了两年，而达米安觉得这个计划还要持续两年，直到他认为整个公司和员工们都"步入正轨"为止。

要打造这样的企业文化对很多公司领导来说都是很难的，应该考虑以下三件事情：

1. 设定一个现实的时间框架，因为这不是一夜之间就可以完成的。

2. 如果你想把顾客放在公司的核心位置，那你就要从根本上找到一个可行的方法来做到这一点。

3. 让员工个人和团队都知道团结协作可以让顾客受益。

怎样放大招？

我们已经了解到，如果绩效目标没有设定好，会给公司带来很严重的影响，还会损害公司给顾客提供优质服务和体验的能力。很多公司已经意识到这一点，并且不再推行基于目标的绩效文化，而是更加注重于能保证优质客户服务和客户体验的行为。

　　达米安提供了如下建议来帮助你转型，让你不再推行基于目标的绩效文化，而是更加注重于以顾客为中心的行为。

建议
利用外行人的才华：去寻找最佳实践案例，并思考如何将它们引入到自己的公司。但你要注意不一定要走很远，因为有时你想要的最佳实践可能来自于当地的外卖餐厅或美发店。
勇敢一点、大胆尝试：你将要尝试的事情可能不是你所在行业的常规，所以确保你有勇气去尝试。
合理谋划、谨言慎行：行为的改变不可能一夜之间就能实现，所以不要做出你无法实现的承诺。

　　如果你做到这几点，并且很好地执行自己的计划，那你成功的机会将很大。

大招 64　领导行为与客户体验

作为领导，你的行为会对客户体验和员工动机产生影响，若想
知道怎么做，可用此大招。

一个朋友发给我一篇在领英上看到的文章。这篇文章叫作
《为什么大家都应该认为自己是首席客户官——反思如何建立以
客户为中心的公司》（*Why everybody should think they are the Chief
Customer Officer-reflections on building a customer focused business*）[18]，
作者大卫·索迪（David Thodey）当时是澳洲电信（Telstra）的
首席执行官和执行董事，这家公司也是澳大利亚最大的电信和媒
体公司。

在这篇文章中，大卫反思了公司在实施"将客户放在我们所
做的一切事情的中心"所取得的进步，以及在实施过程中所吸取
的经验和教训。

大卫学到的第一课是"公司领导应该做出真诚的承诺"，他
解释说：

人们应该都看得到公司领导与客户交谈、讨论与客户相关的
事、向客户提问、倾听他们的故事、做出改变。真正的行动才会
带来真正的改变。

但是，有多少公司领导会真正"采取行动"呢？换句话说，
有多少领导会"说到做到"呢？有多少领导会定期和客户交谈，
听听他们遇到的问题，给他们提供帮助和服务，做些什么为他们
带来改变呢？

但这些行为有两个很明显的好处：

1. 能够让首席执行官和领导团队有机会倾听客户和员工的声音，在他们那里学到知识、收获经验，了解员工的日常。

2. 能够展示出领导用行动来兑现承诺，向客户表达他们的关心，并证明公司确实把客户放在他们所做的一切事情的中心。这样也会推动和激励员工做同样的事情。

放大招

另一个例子来自于克雷格·纽马克（Craige Newmark），他是Craiglist（克雷格分类广告网）公司的创始人。他经常称自己是"公司的客服代表"[19]。他会定期与自己的客户互动，倾听他们，当客户投诉时，他会亲自站出来解决问题。他的行动充分体现出他想建立一个以客户为中心的公司的决心。

但是，这种行为并不常见。

比如，上一次你见到以下这些情形是什么时候：

■ 汽油公司领导在一个或多个加油站帮顾客加油或仅仅只是与顾客聊天；

■ 铁路客运公司的领导亲自在火车上或车站上检票；

■ 大型软件公司领导团队的成员陪同销售代表去给客户做一次定期回访；

■ 一家零售银行的行长在一家分行处理存款业务，和顾客沟通并帮他们办理业务。

为什么领导们没有更多地定期去做这些事情？这与首席执行官、高级管理层和一线员工之间存在的"距离"有关吗？与企业文化有关吗？与组织如何工作以及管理方式有关吗？还是与我们觉得要"充分利用自己的时间"有关？

花更多时间与顾客直接沟通并帮助他们，难道不应该是每个公司领导首要的或接近首要的日常安排吗？

怎样放大招？

仅仅讲述一个美好的客户体验的故事已经远远不够了，正如老话所说的"事实胜于雄辩"。所以，领导们要知道，如果要转型公司的客户体验，他们必须缩短与一线员工和顾客之间的"距离"。

为了更好地了解下一步该怎么做，领导们要问自己下面这几个问题：

■ 我上一次亲自为顾客服务，或与我的员工一起服务顾客是什么时候？

■ 我知不知道一线员工是怎么工作的，不是指工作内容，而是指情感投入？

■ 我上一次观察顾客，和他们面对面自然地交流是什么时候？

■ 我上一次"感受"自己公司的客户体验是什么时候？我在这个过程中是不是真的把自己当成一个顾客，并且在花自己的钱？

这些问题的答案能让你知道自己目前的职位和你扮演的角色之间的"距离"，以及你接下来应该做什么。

大招 65 谦逊待人、勇于认错必获益

> 若想知道，作为领导你并不时时都对，有时做错了一件事，但能承认错误、纠正错误，也会带来实在的好处，可用此大招。

一切都在变……客户的行为和预期在变、竞争态势、技术潮流、公司的组织方式等都在变。那么，领导力呢？在面对这么多新的需求时，领导力需要变吗？

在 2014 年出版的《世界正在社交化》（*A World Gone Social*）一书中，作者特德·科因（Ted Coiné）和马克·巴比特（Mark Babbit）认为领导力需要改变。在一次访谈中[20]，他们认为，领导们不仅仅是对投资者，还要对顾客群体和利益相关者更加坦诚开放、灵活机变、勇担责任。

这要求他们为人要更谦逊，做错事情或公司运营出现问题时要勇敢站出来，承认自己的错误，并说清楚将如何解决问题。

很明显，人们如何做出回应取决于问题的本质及其严重性。但是，假设问题并不是很严重，顾客也会意识到，公司领导也是人，而且他们已经承认错误，会为此负责并出面解决问题，顾客通常会尊重这个事实。

很多领导和公司已经发现，这样做会让他们获取顾客更多的信任、尊重和价值。

放大招

瑞安航空公司（Ryanair）及其首席执行官迈克尔·奥莱利（Michael O'Leary）就是一个很好的例子。在 2014 年 10 月《每日邮报》（*Daily Mail*）的独家专访中[21]，迈克尔·奥莱利说："我们

本该对顾客更加友好的。"

这句话是一个曾认为顾客很"愚蠢"的人说的，他还曾考虑是否应该"向上厕所的顾客收费"，因为他一直固执地追求成本领先战略。

在一次访谈中[22]，我研究了他这种心态的转变，他告诉我：

■ 虽然低价政策效果很好，但是很多顾客不喜欢瑞安航空的一系列做法，比如自由座席，还有对携带随身行李的旅客收取额外费用。所以，他们做出了改变，开始采取一系列其他措施，改变或舍弃一些顾客不喜欢的做法。

■ 他们决定倾听顾客的声音，并且在不影响成本基础的地方做出一些改变。

■ 在过去 12 个月里，他得到的最大教训是要谦逊。正如他所说："要一个爱尔兰人变得谦逊是很难的，我们通常感觉如履薄冰。"

倾听顾客的声音是"瑞安航空过去 12 个月里学到的最成功的经验"，而且他们也看到了实施改变的举措对公司业绩的影响。

尽可能地对顾客友好，但同时也要坚持自己的商业模式。瑞安航空知道改善客户服务和体验确实很好，只要不影响他们的成本领先战略。继续在这方面进行投资，可以让公司的战略更加完善，但不能以此为主导或取代它。

正如他提到的那样，承认自己的错误，并且是在公开场合承认错误，随后做出正确的改变确实让公司获益。2015 年 3 月，瑞安航空宣布：

■ 2015 年 3 月，他们运送了 670 万旅客，而去年同期只有 520 万，增长了 28%。

■ 他们的载客率（航空业中用于衡量客机座位的利用率）也

在同一时期从 80% 提升到了 90%。

　　■ 同期，瑞安航空的股价上涨超过 43%，因为公司的利润和旅客数量都在持续增长。

怎样放大招？

　　很明显，迈克尔·奥莱利的谦逊和承认错误的能力是瑞安航空客户服务得到改善的主要推动力。

　　但是，对于有着类似问题的公司领导来说，他们还要学会一点。

　　英国牛津大学赛德商学院（Said Business School）与海德思哲咨询公司（Heidrick & Struggles）2015 年的报告[23]很好地解释了这种情况，报告指出：

　　有时，你必须要有勇气说出"我知道这个方向是对的"，当你犯错并纠正错误时，你要谦虚地说出来，但当你坚信自己正确时，也要有勇气采取行动——尽管对你来说有潜在的负面影响。

大招 66　指标一旦变成目标，就不再是好指标

若想知道把一项业绩考核指标变成工作目标并不明智，不一定会产生你要的结果，可用此大招。

古德哈特定律（Goodhart's Law）[24]是这样说的：

当一项指标变成目标时，它就不再是一个好的指标了。

这个定律是以查尔斯·古德哈特（Charles Goodhart）命名的，他是英国央行货币政策委员会前委员，也是伦敦政治经济学院的教授。这个定律首次出现在 1975 年关于货币政策的一篇论文中。它最初只用于货币政策，后来逐渐流行起来，现在应用于很多其他领域，特别是当公司要设立运营目标或评估业绩时就会用到它。

比如，西尔斯罗巴克公司（Sears Rosebuck and Company）在 20 世纪 90 年代的情况，《哈佛商业评论》2011 年的一篇题为《道德崩溃》（*Ethical Breakdowns*）[25]的文章进行了描述。这家公司的初衷是想加快维修的速度，于是管理层为维修师设立了一个每小时 147 美元的销售目标，想以此增加生产量。

但是，这并没有加快公司的维修速度，反而开始向顾客多收费，甚至为了实现新的销售目标去"维修"那些并没有坏的东西。

虽然管理层设立这样的目标情有可原，但我们可以看到，如果把一个绩效考核指标变成工作目标，最后可能会导致错误的行动和结果。

放大招

这一定律的实例

你有没有过这样的经历？打电话给呼叫中心，想要解决你遇到的问题，但在沟通过程中，客服人员想加快速度或想办法尽快结束这通电话。如果你有，那么你联系的这家公司可能是将"呼叫时长"设为绩效目标，而不是考核指标。确实，客服人员帮顾客解决问题所花费的时间，可以作为考核他们能力的指标。但是，当一家公司采取了这样的考核指标并把它当成工作目标时，就会对客户服务和满意度带来负面影响，因为它会让客服人员更注重在规定的时间内结束对话，而不是为顾客带来最佳的服务或体验。

将上面这个例子与 Zappos 公司比较一下，Zappos 公司是一家在线零售商，也是优质客户服务方面的老行家了[26]。Zappos 公司也会记录呼叫时长，但不会将其作为工作目标。因为他们更注重鼓励顾客忠诚度团队的成员，当顾客给他们打电话时，专注于给顾客提供良好的服务。所以，他们希望团队成员能花 80% 的时间帮助顾客。不过最重要的是，他们并不关心这个时间段内帮助了多少顾客，可以只有 1 位、10 位，也可以是 100 位。他们相信专注于服务顾客就能吸引重复订单，让公司得到发展。而这确实起到了效果。Zappos 公司创立于 1999 年，最初他们以卖鞋起家，接下来的 10 年他们飞速发展。2008 年他们实现了盈利，每年的商品交易额达到 10 亿美元[27]。此外，据估计，60% 的顾客都是老顾客，约有 43% 的顾客来自口碑推荐[28]。2009 年，这家公司以 12 亿美元的高价被亚马逊收购，但直到今天仍然是一家独立的公司（www.zappos.com）。亚马逊公司创始人、首席执行官杰夫·贝佐斯（Jeff Bezos）在这次企业兼并的视频声明中说[29]："我们看到两家公司有很多机会可以互相学习，可以为我们的顾客打造更好的购物体验。"

怎样放大招？

鉴于古德哈特定律的影响和以上例子带来的思考，公司领导在考虑绩效评估和运营目标时应该问自己下面这几个问题：

■ 公司要实现怎样的运营目标？

■ 公司用什么来评估服务质量和客户体验？

■ 对公司来说，在客户服务或体验方面什么比较重要？

——顾客满意度？

——顾客费力度？

——交易便利度？

——顾客把你推荐给其他人的意愿？

——是否每次都能在第一时间解决顾客的问题？

——回应顾客问题所需的时间？

——顾客打电话咨询的原因？

——客服人员的利用率？

——客服人员的满意度和敬业度？

■ 公司的运营目标和绩效评估是不是与此一致？

■ 他们的行为是正确的吗？

■ 在顾客体验方面，这些目标会带来什么影响？

评估指标、运营目标和衡量标准在不同的公司和行业都有所不同。但关键是要选择那些与公司运营目标相关以及对顾客来说很重要的评估指标。

大招 67　你今天做了什么让你的团队工作更轻松？

> 若想通过不断地反省以找出如何通过关注团队来提高他们的业绩，让员工工作更轻松的方法，可用此大招。

对员工的工作而言，公司的管理、公司文化、公司组织和行政要求对他们有没有影响？是促进了他们的工作，还是妨碍了他们的工作？

如果你把这个问题抛给大多数公司领导和经理，他们的回答毫无例外，都是："我们促进了工作！"

但是，公司领导和经理这样认为，并不意味着事实就是如此。

多个关于员工在工作时间段里做了什么的研究给出了完全不同的答案。比如，AtTask 公司 2014 年的一项调查发现[30]，美国大公司的员工在工作时间段内只有 45% 的时间是在做分内的工作，也就是出现在他们职务描述里的主要工作；而另外 55% 的时间是在收发邮件和整理邮件，参加各种可有可无的会议，参与行政管理以及处理其他各种打岔的事情。

这样的调查结果并不罕见。但是这会让人质疑公司的很多事务是否妨碍了员工的工作，降低了他们的工作效率，从而让公司受到负面影响。

所以，公司领导和经理要努力研究他们该做或者不该做什么，以让整个团队的工作更轻松一点。

放大招

彼得・A・亨特（Peter A. Hunter）是研究员工敬业度方面的

专家，也是《管理的问题及解决方案》（*The Problem with Management and How to Solve It*）一书的作者。在一次访谈中[31]，他跟我们讲述了一个如何帮助员工提高工作效率的有趣故事：

■ 彼得的很多经验和故事来自于他在海军服役的经历，特别是在"北极星"（Polaris）和"三叉戟"（Trident）潜艇导弹部队的工作经历。

■ 他回忆起有一次，他被派去管理一帮很有经验的人，但他马上发现根本无法对这些人下达指令，因为他们都比自己懂得多。于是他发现，对他来说最好的管理方式就是帮这些人找到完成工作所需要的东西。

■ 他发现，如果创设一种团队成员都能对自己工作负责的工作环境，那么他们都会为自己的工作而感到自豪。

■ 彼得认为，管理的问题在于我们把这类工作称之为"管理"，如果我们改称为"协助"的话，那么我们就会对管理及其工作要点是什么有重新的认识。

■ 很多经理会告诉员工怎么做，因为他们很害怕员工的主动性。

■ 但是，通常人们都想在工作中展示自己，把工作做好。他们想为自己所做的事感到自豪。他们也想运用自己的知识、创造力和想象力来完成这份他们引以为豪的工作。

我们想要打造的企业文化其实是已经存在的，只要顺其自然就好了。

怎样放大招？

很多时候，公司的经理、领导和组织机构妨碍了员工的工作，降低了他们的工作效率，还影响了他们发挥自己的能力。所以，如果经理和领导要发挥团队的潜力，让员工更敬业，更专注于打造优质的服务和良好的客户体验，就要扪心自问一系列问题。

领导者要问问他们的员工和团队：

■ 我们应该多做些什么？

■ 我们应该少做些什么？

■ 我们有哪些地方妨碍了你的工作？

紧接着，他们应该定期问自己这个问题：

为了让团队更轻松一点，我今天做了些什么？

这些问题的答案能帮助你创造一个更好的工作环境。

大招 68　不要相信天花乱坠的炒作

> 若你想了解并没有什么技术可以成为你的"杀手锏"，你需要努力把握当下、关注当前要务，可用此大招。

现在的商业环境越来越复杂，这是因为竞争越来越激烈，市场上涌进了各类新的竞争者，客户行为和预期也在变化，以及公司与客户沟通的渠道增多。

而让环境更为复杂的是科技的发展和一些新技术的出现，比如：

- 大数据；
- 物联网；
- 虚拟智能；
- 预测分析；
- 客户发声；
- 虚拟现实；
- 可穿戴技术；
- 机器学习；
- 语音翻译，等等。

所有这些技术都为客户服务和客户体验提供了可能的应用。

但是，当涉及科技时，公司领导一定要努力识别并记住一点，随着这些新技术的发展，一定会出现很多广告宣传和炒作，让人充满希望。

确实，技术的运用让人非常惊喜。但是我们一定要小心，不能只关注于将来可能会发生的事情，而忽视了当下一定会发生的事情。而且，在这些广告宣传里，我们也要保持谨慎，在我们努

247

力改善"客户体验"的同时，也不要忽视"客户的个体体验"。如果我们忽视了后者，就有可能无法达到公司和顾客的预期。

放大招

美国高德纳咨询公司（Gartner，又称顾能公司）是一家 IT 技术研究与咨询公司，这家公司是新兴技术的引领者。最近 20 年来，他们一直在发布"技术成熟度曲线"（Hype Cycles）[32]，为当前各种新兴技术的合理定位做深度分析。根据他们的观察，新兴技术会经历五个发展阶段（技术萌芽期，期望膨胀期，谷底幻灭期，光明上升期和生产高原期）。

但是，随着对这些新兴技术的研究和监测，他们发现[33]：

技术方面的根本革新仍然要经过 10 年——有的要经过 30 年甚至更长——才能沿着"技术成熟度曲线"从概念产品阶段发展到广泛应用阶段。

这并不是说一项技术从出现到炒作到最终应用的过程可以加快速度，而是说公司在展望新兴科技时应该谨慎一点。比如，高德纳公司还发现：

■ 云计算技术 2009 年就出现在人们的视野中，但是公司直到现在才开始实现其潜能，并将其向着主流技术推进。

■ 可穿戴电脑/技术 1997 年就出现了，但直到现在，它得到高度关注和运用仍有待时日。

■ 早在 1995 年，就有公司和技术专家了解和讨论语音识别技术的好处及其可能的应用领域，但直到 2013 年高德纳公司的研究才认可这项技术已经获得大规模的应用和推广。

■ 最后，虚拟现实技术已经被讨论了很多年，但现在这种技术还没能释放出潜力，卡在了高德纳公司所说的"谷底幻灭期"。

怎样放大招？

现在，公司应该考虑技术可以怎样帮助他们吸引顾客、提高顾客参与度、服务顾客和留住顾客。在未来，也许技术能够帮他们做得更好。但是，他们也应该意识到技术可能不像广告宣传的那样是公司的"杀手锏"。

如果你执着于未来可能会发生什么，那你可能会忽略现在就能给公司和客户带来真正有价值的东西。

所以，当科技迅猛发展时，公司还是要能够：

- 立足今天，放眼未来；
- 专注于整个过程；
- 让事情变简单；
- 预测可能产生的问题；
- 意识到一致性是一个重要指标；
- 专注于重要的细节；
- 为客户提供他们想要的产品，为他们创造价值；
- 让客户（和员工）做事简单方便；
- 意识到每个人都很重要；
- 不时加点额外福利；
- 在用得到技术的时候把技术用起来。

不过，最重要的是，公司领导不要盲目相信炒作。

后 记

我希望你是很享受地看完这本书的，并且能将其中的一些方法恰当地运用到公司实践中去。这 68 个大招并不是所有大招的穷举，还有大招可以继续补充。

不过，我想在后记中说说我的一个梦想。

这个梦想有点像是开玩笑，因为比较理想化。我梦想着如果全世界所有的公司都能改善自己的客户服务和客户体验，那我们可以让世界变得更美好。因为人们将会获得更好的客户服务和客户体验，他们就会更快乐。他们更快乐了，问题和争吵就会少一点。少一点争吵，摩擦和冲突也会更少。这一系列连锁反应就会通往世界和平。

这只是个梦想。

但你愿意跟我一起实现它吗？

注 释

前言

1 The British Museum. Available at：< http：//www. britishmuseum. org/re-
search/collection_online/collection_object_details. aspx？ objectId = 2777
70&partId = 1 &searchText = WCT53297&page = 1 >

2 Oracle, 2011. *2011 Customer Experience Impact Report.* [pdf]. Available at：
< http：//www. orade. com/us/products/applications/cust-exp-impact-re-
port-epss-1560493.pdf>

3 Echo, 2011. *2011 Global Customer Service Barometer.* [pdf]. Available at：<
http：//about.americanexpress. com/news/docs/2011x/AXP_2011 _cs-
bar_market.pdf>

4 Waiker. *Customers 2020.* [online] Available at：< http：//www .walkerinfo.
com/customers2020/>

5 Watermark Consulting, 2015.*The 2015 Customer Experience ROI Study.* [pdf].
Available at：< http：//www. watermarkconsult. net/docs/Watermark-Cus-
tomer-Experience-ROI-Study.pdf>

6 Forrester. *Customer experience professionals.* [online] Available at：<https：//
www.forrester.com/Customer-Experience>

7 Kriss, P., 2014. The value of customer experience, quantified, [online] *Har-
vard Business Review.* Available at：<https：//hbr .org/2014/08/the-value-
of-customer-experience-quantified/>

8 Swinscoe, A., 2014. *Quantifying the business value of a great customer experi-
ence - interview with Peter Kriss of Medallia.* [online] Available at：<http：//
www. adrianswinscoe. com/quantifying-the-business-value-of-a-great-
customer-experience-interview-with-peter-kriss-of-medallia/>

第一节

1　McKinsey & Company, 2014. *Innovating automotive retail* , [pdf]. Available at: < http://www. mckinsey. eom/~/media/McKinsey/dotcom/client _ service/Automotive%20and%20Assembly/PDFs/lnnovating_ automotive_retail.ashx>

2　Government Communication Service. *Insight exploration: customer journey mapping.* [pdf]. Available at: <https://gcn. civilservice. gov. uk/wp-content/uploads/2013/02/customer-journey-mapping-diagram.pdf>

3　Kemp, N., 2015. The content obesity epidemic, [online] *Marketing.* Available at: <http://www.marketingmagazine.co.uk/article/1348565/bad-strategy-creating-content-obesity-epidemic>

4　Ware, 2015. *Consumers' tune out' marketers.* [online]. Available at: <http://www.warc. com/LatestNews/News/Consumers_tune_out_ marketers. news? ID=34973>

5　Swinscoe, A., 2013. *Customer service, people and how caring does scale - interview with Gary Vaynerchuk #1aDayQandA.* [online] Available at: <http://www. adrianswinscoe. com/customer-service-people-and-how-caring-does-scale-interview-with-gary-vaynerchuk-1 adayqanda/>

6　CEB. *The digital evolution in B2B marketing.* [online] Available at: <http://www. executiveboard. com/exbd-resources/content/digital-evolution/index.html>

7　Swinscoe, A., 2012. *Inbound and content marketing may make up 80% of all marketing in the future - interview with Mike Volpe of Hubspot.* [online] Available at: < http://www. adrianswinscoe. com/inbound-and-content-marketing-may-make-up-80-of-all-marketing-in-the-future-interview-with-mike-volpe-of-hubspot/>

8　Hill, G., 2015. *The three factor reinventing customer experience design.* [online〕MyCustomer. com. Available at: <http://www. mycustomer. com/feature/experience/three-factors-reinventing-customer-experience-design/174631>

9 Edelman, 2015. *2015 Edelman Trust Barometer: executive summary.* [online]. Available at: <http://www. edelman. com/2015-edelman-trust-barometer-2/trust-and-innovation-edelman-trust-barometer/executive-summary/>

10 Swinscoe, A., 2012. *Extreme Trust and why it's important you're your customers and your business - interview with Martha Rogers and Don Peppers.* [online] Available at: <http://www. adrianswinscoe . com/extreme-trust-and-why-its-important-for-your-customers-and-your-business-interview-with-martha-rogers-and-don-peppers/>

11 Swinscoe, A., 2014. *Customer loyalty is becoming a collective experience - interview with Steve Abernethy of SquareTrade.* [online] Available at: <http://www. adrianswinscoe. com/customer-loyalty-is-becoming-a-collective-experience-interview-with-steve-abernethy-of-squaretrade/>

12 Swinscoe, A., *Using* customer reviews to drive service improvement, WoM and growth - interview with Jan Jensen of Trustpilot. Available at: <http://www. adrianswinscoe. com/using-customer-reviews-to-drive-service-improvement-wom-and-growth-interview-with-jan-jensen-of-trustpilot/>

13 Swinscoe, A., 2013. *Outstanding brands become part of their customers story - interview with Bernadette Jiwa.* [online] Available at: <http://www. adrianswinscoe. com/outstanding-brands-become-part-of-their-customers-story-interview-with-bernadette-jiwa/>

14 Swinscoe, A., 2015. *Brands with purpose build better relationships with their customers - interview with Jeremy Waite.* [online] Available at: <http://www. adrianswinscoe. com/brands-with-purpose-build-better-relationships-with-their-customers-interview-with-jeremy-waite/>

15　TOMS. *What we give*, [online]. Available at: <http://www.toms.com/what-we-give-shoes>

16　Swinscoe, A., 2012. *Want more customers? Try focusing on art, culture and greatness - interview with David Hieatt of Hiut Denim.* [online] Available at: <http://www.adrianswinscoe.com/want-more-customers-try-focusing-on-art-culture-and-greatness-interview-with-david-hieatt-of-hiut-denim/>

17　Goodreads. [online] Available at: <http://www.goodreads.com/author/quotes/43587.Alan_Alda>

18　Statistic Brain Research Institute, 2015. *Attention span statistics.* [online]. Available at: <http://www.statisticbrain.com/attention-span-statistics/>

19　Acuna, K., 2013. *Why movies today are longer than ever before.* [online] Business Insider. Available at: <http://www.businessinsider.com/movies-are-getting-longer-2013-1?IR=T>

20　Carroll, D., 2012. *No customer is statistically insignificant: inside scoop with Dave Carroll.* [online] CustomerThink. Available at: <http://www.customerthink.com/interview/inside_scoop_with_dave_carroll>

21　Sibun. J. and Fletcher, R., 2010. Surprise as Sir Terry Leahy resigns from Tesco. [online] *The Telegraph.* Available at: <http://www.telegraph.co.uk/finance/newsbysector/retailandconsumer/7812463/Surprise-as-Sir-Terry-Leahy-resigns-from-Tesco.html>

22　Neville, S., 2014. Ex-Tesco chief Terry Leahy blames woes on successor Philip Clarke's weak strategy, [online] *The Independent.* Available at: <http://www.independent.co.uk/news/business/news/extesco-chief-terry-leahy-blames-woes-on-successor-philip-clarkes-weak-strategy-9834535.html>

23　Stern, S., 2010. What men need to learn about leadership, [online] *Financial Times.* Available at: <http://www.ft.com/cms/s/0/7d099a7c-7d5e-11df-a0f5-00144feabdc0.html#ixzz1Roay3aWr>

第二节

1　Swinscoe, A., 2011. *What makes first direct so successful -interview with their new CEO Mark Mullen.* [online] Available at: <http://www.adrianswinscoe.com/what-makes-first-direct-so-successful-interview-with-their-new-ceo-mark-mullen/>

2　Swinscoe, A., 2014. *Big and little data, building trust and B2B marketing - interview with Charlie Peters of Emerson.* [online] Available at: <http://www.adrianswinscoe.com/big-and-little-data-building-trust-and-b2b-marketing-interview-with-charlie-peters-of-emerson/>

3　Swinscoe, A., 2012. *Extreme Trust and why it's important you're your customers and your business - interview with Martha Rogers and Don Peppers.* [online] Available at: <http://www.adrianswinscoe.com/extreme-trust-and-why-its-important-for-your-customers-and-your-business-interview-with-martha-rogers-and-don-peppers/>

4　Edelman, 2015. *2015 Edelman Trust Barometer: executive summary.* [online] Available at: <http://www.edelman.com/2015-edelman-trust-barometer-2/trust-and-innovation-edelman-trust-barometer/executive-summary/>

5　Swinscoe, A., 2015. *Advocate assisted commerce improves customer experience and drives business results - interview with Scott Pulsipher of Needle.* [online] Available at: <http://www.adrianswinscoe.com/advocate-assisted-commerce-improves-customer-experience-and-drives-business-results-interview-with-scott-pulsipher-of-needle/>

6　Moss, C., 2013. *From the 'Apple Lisa' to the U2 iPod: Apple products that totally flopped.* [online] Business Insider. Available at: <http://www.businessinsider.com/10-old-apple-products-that-totally-failed-2013-11?IR=T>

7　Swinscoe, 2012. *You can't make Art' if you are not willing to fail -interview with Seth Godin on The Icarus Deception.* [online] Available at: <http://www. adrianswinscoe. com/we-need-more-people-to-create-things-that-connect-with-other-people-and-make-change-happen-interview-with-seth-godin-on-the-icarus-deception/>

8　Ignatius, A. 2013. Jeff Bezos on leading for the long-term at Amazon - an interview with Jeff Bezos. *Harvard Business Review.*

9　Indexed, [online] Available at: <http://thisisindexed.com/>

10　Hagy, J., 2011. *How to be more interesting (in 10 simple steps).* [online] Forbes. Available at: <http://www. forbes. com/sites/jessicahagy/2011 /11 /30/how-to-be-interesting/>

11　Swinscoe, A., 2013. *How to be more interesting (and keep customers for longer) - interview with Jessica Hagy.* [online] Available at: <http://www.adrianswinscoe. com/how-to-be-more-interesting-and-keep-customers-for-longer-interview-with-jessica-hagy/>

12　UK Customer Experience Awards '15. [online] Available at: <http://c-x-a. co,uk>

13　Evening Standard, 2013. *Npower tops customer dissatisfaction table as prices rise . . . and so do complaints.* [online] Available at: <http://www.standard. co. uk/business/business-news/npower-tops-customer-dissatisfac-tion-table-as-prices-rise--and-so-do-complaints-8948445.html>

14　KPMG Nunwood. [online] Available at: <http://www. nunwood. com/ 2013-uk-experience-excellence-results/>

15　Knight, E., 2015. Financial services industry can't afford any more scandals, [online] *The Sydney Morning Herald.* Available at: <http://www. smh. com. au/business/comment-and-analysis/financial-services-industry-cant-afford-any-more-scandals-20150107-12jm90.html>

16　Ombudsman Services, 2015. *Consumer Action Monitor.* [online] Available at: <http://www.ombudsman-services.org/downloads/CAMFinal2015.pdf>

17　Swinscoe, A., 2014. *Not having contracts equalises our relationship with our customers - interview with John Marick of Consumer Cellular.* [online] Available at: <http://www.adrianswinscoe.com/not-having-contracts-equalises-our-relationship-with-our-customers-interview-with-john-marick-of-consumer-cellular/>

18　Consumer Reports, 2013. *Sprint sinks to the bottom of latest consumer reports cell-phone service ratings.* [online]. Available at: <http://pressroom.consumerreports.org/pressroom/2013/11/my-entry-3.html>

19　Out-law.com, 2015. *Survey reveals UK consumers' online privacy concerns.* [online] Available at: <http://www.out-law.com/en/articles/2015/april/survey-reveals-uk-consumers-online-privacy-concerns/>

20　ICO, 2015. *Consumers concerned about how their personal details are shared, survey shows.* [online] Available at: <https://ico.org.uk/about-the-ico/news-and-events/news-and-blogs/2015/03/consumers-concerned-about-how-their-personal-details-are-shared/>

21　DMA, 2012. *Data privacy: what the consumer really thinks 2012.* [pdf]. Available at: <http://www.dma.org.uk/research/data-privacy-what-the-consumer-really-thinks>

22　Hern, A. and Rankin, J., 2015. Spotify's chief executive apologises after user backlash over new privacy policy, [online] *The Guardian.* Available at: <http://www.theguardian.com/technology/2015/aug/21/spotify-faces-user-backlash-over-new-privacy-policy>

23　Ek, D., 2015. *SORRY*, [online] Spotify. Available at: <https://news.spotify.com/us/2015/08/21/sorry-2/>

24　Swinscoe, A., 2014. *Moving from the era of CRM (Customer Relationship Management) to the era of CMR (Customer Managed Relationships) - interview with Geraldine McBride of MyWave.* [online] Available at: <http://www.adrianswinscoe.com/moving-from-the-era-of-crm-customer-rela-

tionship-management-to-the-era-of-cmr-customer-managed-relation-ships-interview-with-geraldine-mcbride-of-mywave/>

25　Ctrl-Shift, 2014. *The business opportunity of personal information management services.* [online] Available at: < https://www. ctrl-shift. co . uk/news/2014/06/26/the-business-opportunity-of-personal-information-management-services/>

26　Reinhardt, A., 1998. *Steve Jobs: 'There's sanity returning'* [online] BusinessWeek. Available at: < http://www. businessweek. com/1998/21/b3579165.htm>

27　McDonalds, 2014. *Five brand new burgers designed by you!* [online] Available at: < http://www. mcdonalds. co. uk/ukhome/whatmakesmc-donalds/articles/my-burger-your-entries-put-taste-test.html>

28　BEE. *Customer as co-creators in innovation.* [online] Available at: <http://www. bee-global. net/news/3-customer-as-co-creators-in-innovation. ht-ml>

29　Starbucks. *My Starbucks idea.* [online] Available at: <http://mystarbuck-sidea.force.com/

30　skinnyCorp. *How it works.* [online] Available at: <https://www.threadless.com/how-it-works/>

31　Wikipedia. *Threadless.* [online] Available at: <https://en. wikipedia. org/wiki/Threadless>

32　Swinscoe, A., 2013. *Deliver great customer experience by including your customers - interview with Mark Hurst of Creative Good.* [online] Available at: < http://www. adrianswinscoe. com/deliver-great-customer-experience-by-including-your-customers-interview-with-mark-hurst-of-creative-good/>

33　Hurst, M. and Terry, P., 2013. *Customers included: how to transform products, companies and the world - with a single step.* New York: Creative Good.

34　Oracle, *2012. 81% of shoppers willing to pay more for better customer experi-
ence, oracle research shows.* [online] Available at: <http://www.oracle.
com/us/corporate/press/1883120>

35　Echo, 2012. *2012 Global customer service barometer.* [pdf] Available at: <
http://about.americanexpress.com/news/docs/2012x/axp_2012gcsb
_us.pdf>

36　New Statesman, 2010. *UK consumers willing to pay more for better customer
service, says survey.* [online] Available at: <http://www .newstatesman.
com/technology/2010/10/customer-experience-pay>

37　Holland, C. Estate agency clients to pay according to quality of service, [on-
line] *Telegraph & Argus.* Available at: <http://www.thetelegraphandar-
gus.co.uk/business/13598845 .Estate_agency_clients_to_pay_accord-
ing_to_quality_of_service/>

第三节

1　Stone, A., 2012. Why waiting is torture? [online] *The New York Times.* Avail-
able at: <http://www.nytimes.com/2012/08/19/opinion/sunday/why-
waiting-in-line-is-torture.html? >

2　Videlica, 2015. *Waiting on hold drives 12% of UK customers to defect.* [on-
line] Available at: <http://www.videlica.com/waiting-on-hold-drives-12-
of-uk-customers-to-defect/>

3　Maister, D., 1985. *The psychology of waiting lines.* [online] Available at: <
http://davidmaister.com/articles/the-psychology-of-waiting-lines/>

4　Plain Language Association InterNational, 2005. *Samples of plain language re-
writes and organizational change.* [online] Available at: <http://plainlangua-
genetwork.org/>

5　Royal Pharmaceutical Society, 2015. *RPS calls for clearer labelling on sun-
screens after survey reveals confusion.* [online] Available at: <http://www.

rpharms.com/pressreleases/pr_show.asp?id=2648>

6　Fairer Finance, 2014. *The worst banks and insurers for small print revealed.*
［online］Available at：< http://www. fairerfinance. com/press-releases/
the-worst-banks-and-insurers-for-small-print-revealed>

7　National Adult Literacy Agency (NALA), 2015. *Irish people calling for*
healthcare professional to use less medical jargon.［online］Available at：<ht-
tps://www. nala. ie/news/irish-peopie-calling-healthcare-professionals-
use-less-medical-jargon>

8　Dean, J., 2011. *10 ways our minds warp time.*［online］PsyBlog. Available at：
<http://www.spring.org.uk/2011/06/10-ways-our-minds-warp-time.php>

9　Scrace, A., 2015. *Are you sitting on a customer research goldmine?*［online］
Trustpilot, Available at：<http://blog.trustpilot.com/blog/2015/6/11/are-
you-sitting-on-a-customer-research-goldmine >; and < http://search-
engineland. com/88-consumers-trust-online-reviews-much-personal-rec-
ommendations-195803>

10　Swinscoe, A., 2014. *Using customer reviews to drive service improvement,*
WoM and growth - interview with Jan Jensen of Trustpilot.［online］Available
at：< http://www. adrianswinscoe. com/using-customer-reviews-to-
drive-service-improvement-wom-and-growth-interview-with-jan-jensen-
of-trustpilot/>

11　ClickFox, 2012. *2012 brand loyalty survey.*［online］Available at：<http://
web. clickfox. com/rs/clickfox/images/cf-survey-results-brand-loyalty.
pdf>

12　TripAdvisor, 2013. *24 insights to shape your TripAdvisor strategy.*［online］
Available at：< http://www. tripadvisor. co. uk/TripAdvisorInsights/
n2120/24-insights-shape-your-tripadvisor-strategy>

13　Wikiquote. *Maya Angelou.*［online］Available at：<https://en.wikiquote .
org/wiki/Maya_Angelou>

14 Swinscoe, A., 2015. *Do you know if you are irritating your customers? - interview with Melvin Brand Flu of Livework.* [online] Available at: <http://www. adrianswinscoe. com/do-you-know-if-you-are-irritating-your-customers-interview-with-meivin-brand-flu-of-livework/>

15 Wikipedia. *Serial position effect.* [online] Available at: <https://en.wikipedia.org/wiki/Serial_position_effect>

16 Wikipedia. *Hermann Ebbinghaus.* [online] Available at: <https://en.wikipedia.org/wiki/Hermann_Ebbinghaus>

17 Halliwell, J., 2013. Iceland: 'customer engagement scheme is paying off' [online] *The Grocer.* Available at: <http://www. thegrocer. co. uk/channels/discounters/iceland-customer-engagement-scheme-is-paying-off/349715.article? >

18 Moore, R., 2008. Chris Hoy an example that cyclists can be clean of drugs and still win gold, [online] *The Telegraph.* Available at: <http://www.telegraph. co. uk/sport/olympics/2604410/Chris-Hoy-proves-cyclists-can-be-clean-of-drugs-and-still-be-mean-Olympics.html>

19 Wikiquote. *Charles Mingus.* [online] Available at: <https://en.wikiquote. org/wiki/Charles_Mingus>

20 Wikiquote. *Blaise Pascal.* [online] Available at: <https://en.wikiquote . org/wiki/Blaise_Pascal>

21 siegel+gale, 2014. *Why simplicity?* [online] Available at: <http://simplicityindex.com/2014/why-simplicity/>

22 Swinscoe, A., 2015. *Behavioural science is a gold mine for service design and customer experience - interview with Nicolae Naumof.* [online] Available at: < http://www. adrianswinscoe. com/behavioural-science-is-a-gold-mine-for-service-design-and-customer-experience-interview-with-nicolae-naumof/>

23 Behavioural Insights Team, 2014. *EAST: Four simple ways to apply behav-*

ioural insights. [online] Available at: <http://www.behaviouralinsights. co.uk/publications/east-four-simple-ways-apply-behavioural-insights>; and <http://www.behaviouralinsights.co.uk/publications/the-behav-ioural-insights-team-update-report-2013-2015/>

24 CX Solutions, 2015. [online] Available at: <http://www.cxact.com/>

25 Price, J., 2015. *The psychology of customer complaints.* [online] Call Center IQ. Available at: <http://www.callcenter-iq.com/customer-insights-an-alytics/articles/the-psychology-of-customer-complaints/>

26 Swinscoe, A., 2014. *Find and fix customer problems by hiring a Customer Advocacy Manager - interview with Carey Smith and Dave Waltz of Big Ass Fans.* [online] Available at: <http://www.adrianswinscoe.com/find-and-fix-customer-problems-by-hiring-a-customer-advocacy-manager-interview-with-carey-smith-and-dave-waltz-of-big-ass-fans/>

27 Northrup, L., 2013. *To resolve some customerservice problems, just call back.* [online] Consumerist. Available at: <http://consumerist.com/2013/06/13/to-resolve-some-customer-service-problems-just-call-back/>

28 Sabio, 2012. *Research shows that one in four inbound contact centre enquiries are unnecessary or avoidable.* [online] Available at: <http://www.sabio.co.uk/news/2012/research-shows-that-one-in-four-inbound-contact-cen-tre-enquiries-are-unnecessary-or-avoidable.html>

29 Dixon, M. and Ponomareff, L., 2010. Why your customers don't want to talk to you. [online] *Harvard Business Review.* Available at: <https://hbr.org/2010/07/why-your-customers-dont-want-t/>

30 inContact, 2013. *US consumers want today's companies to be proactive in cus-tomer service.* [online] Available at: <http://www.incontact.com/call-center-industy-news/us-consumers-want-todays-companies-be-proac-tive-customer-service>

31 Hicks, K., 2013. *6 tips to shift from reactive to proactive customer service.* [online] Customer Service Investigator. Available at: < http://csi. softwareadvice. com/6-tips-to-shift-from-reactive-to-proactive-customer-service-0411 />

32 Swinscoe, A., 2015. *Proactive customer service will pay back ten fold - interview with Matt Lautz of Corvisa.* [online] Available at: <http://www.adrianswinscoe. com/proactive-customer-service-will-pay-back-ten-fold-interview-with-matt-lautz-of-corvisa/>

33 Leggett, K., 2014. *Forrester's top trends for customer service in 2015.* [online] Forrester. Available at: <http://blogs.forrester.com/kate_ leggett/14-12-17-forresters_top_trends_for_customer_service_in_2015>

34 IntelliResponse. Budget truck rental. Available at: <http://www. intelliresponse.com/wp-content/uploads/2012/09/Budget_Final.pdf>

35 IntelliResponse. *CopaAirlines.* [pdf] Available at: <http://www. intelliresponse.com/wp-content/uploads/2014/06/Copa-Airlines-Infographic2014. pdf>

36 Swinscoe, A., 2013. *Smart proactive customer service that delivers results - interview with Jim Dicso of SundaySky.* [online] Available at: <http://www. adrianswinscoe. com/smart-proactive-customer-service-that-delivers-results-interview-with-jim-dicso-of-sundaysky/>

37 Debenhams. *Your handy buying guides.* [online] Available at: < http:// www.debenhams.com/buying-guides>

38 Swinscoe, A., 2014. *Improve customer experience by surveying your customers quickly - interview with Mark Smith of ContactEngine.* [online] Available at: < http://www. adrianswinscoe. com/improve-customer-experience-by-surveying-your-customers-quicker-interview-with-mark-smith-of-contactengine/>

39 Anglian Water, 2014. *Proactive notifications improves operational efficiency*

for England's largest water company [pdf] Available at: <http://www.aspect. com/globalassets/microsite/proactive-engagement/anglian-water-cs.pdf>

40　Swinscoe, A., 2011. *What makes first direct so successful -interview with their new CEO Mark Mullen.* [online] Available at: <http://www.adrianswinscoe. com/what-makes-first-direct-so-successful-interview-with-their-new-ceo-mark-mullen/>

41　Livework. *Ask the public, not just your customers.* [online] Available at: < http://liveworkstudio.com/client-cases/vivo/>

42　Gneezy, A. and Epley, N., 2014. Worth keeping but not exceeding. *Social Psychological & Personality Science.* [online] Available at: <http://spp.sagepub.com/content/5/7/796.abstract>

43　Brandweiner, N., 2012. *Broken promises and poor service the biggest customer turn-offs.* [online] MyCustomer. Available at: <http://www.mycustomer. com/topic/customer-experience/broken-promises-and-poor-customer-service-responsible-lost-customers/14186>

44　Clarkson, D., 2010. *Do your customers want to telephone you for service?* [online] Forrester. Available at: < http://blogs.forrester. com/diane_clarkson/10-04-06-do_your_customers_want_telephone_you_service>

45　Swinscoe, A., 2014. *Building customer support communities -interview with Rob Howard of Zimbra.* [online] Available at: <http://www.adrianswinscoe. com/building-valuable-customer-support-communities-interview-with-rob-howard-of-zimbra/>

46　Kessler, S., 2011. *How to: Create a world-class online community for your business.* [online] Mashable. Available at: <http://mashable .com/2011 / 01 /12/online-community-business/>

47　Dean, J., 2014. *The emotion which lasts 240 times longer than others.* [online] PsyBlog. Available at: <http://www.spring.org .uk/2014/11 /the-

emotion-which-lasts-240-times-longer-than-others.php>

48　Verduyn, P. and Lavrijsen, S., 2014. Which emotions last longest and why: the role of event importance and rumination. *Motivation and Emotion.* [online] Available at: <http://link. springer. com/article/10. 1007/s11031 -014- 9445-y>

49　Swinscoe, A., 2014. *Nearly 60% of customers will go elsewhere following a bad delivery experience - interview with Angela O'Connell of Metapack.* [online] Available at: <http://www.adrianswinscoe.com/nearly-60-of-customers-will-go-elsewhere-following-a-bad-delivery-experience-interview-with-angela-oconnell-of-metapack/>

50　Swinscoe, A., 2014. *Improve customer experience by surveying your customers quickly - interview with Mark Smith of ContactEngine.* [online] Available at: <http://www. adrianswinscoe. com/improve-customer-experience-by-surveying-your-customers-quicker-interview-with-mark-smith-of-contactengine/>

51　Dixon, M., Freeman, K. and Toman, N., 2010. Stop trying to delight your customers, [online] *Harvard Business Review.* Available at: <https://hbr. org/2010/07/stop-trying-to-delight-your-customers>

52　Swinscoe, A., 2014. *Should 'Net Easy' be your new customer service metric - interview with Nicola Millard of BT.* [online] Available at: <http://www. adrianswinscoe. com/should-net-easy-be-your-new-customer-service-metric-interview-with-nicola-millard-of-bt/>

53　The Henley Centre for Customer Management, 2015. [online] Available at: < http://www.hccmsite.co.uk/index.html>

54　The Net Promoter Community. *The Net Promoter Score and System.* [online] Available at: <http://www.netpromoter.com/why-net-promoter/know>

55　Ombudsman Services, 2015. *Consumer Action Monitor.* [online] Available at: <http://www.ombudsman-services.org/downloads/CAMFinal2015.pdf>

56 Eptica, 2015. *UK brands leave over half of customer questions unanswered, according to new study.* [online] Available at: <http://www.eptica.com/mces2015_news>

57 Wikipedia. *Persona (user experience).* [online] Available at: <https://en.wikipedia.org/wiki/Persona#In_user_experience_design>

58 Aspect, 2014. *Know your customer service persona.* [online] Available at: <http://www.aspect.com/customer-service-personas>

第四节

1 Ratcliff, C., 2014. *Marketers more focused on acquisition than retention.* [online] Econsultancy. Available at: <https://econsultancy.com/blog/65339-marketers-more-focused-on-acquisition-than-retention/>

2 Lemmens, A. and Gupta, S., 2013. *Managing churn to maximise profits.* [online] Harvard Business School. Available at: <http://hbswk.hbs.edu/item/7350.html>

3 Pitney Bowes. *Pitney Bowes' latest press releases, articles and case studies, as well as archived information.* [online] Available at: <http://pressroom.pitneybowes.co.uk/preventing-customer-churn/>

4 Thompson, B., 2005. *The loyalty connection: secrets to customer retention and increased profits.* [pdf] Available at: <http://www.ianbrooks.com/useful-ideas/articles_whitepapers/The Loyalty Connection.pdf>

5 Swinscoe, A., 2014. *Customer engagement and lessons from the Scottish poet, Robert Burns - interview with Jamie Anderson of SAP.* [online] Available at: <http://www.adrianswinscoe.com/customer-engagement-and-lessons-from-the-scottish-poet-robert-burns-interview-with-jamie-anderson-of-sap/>

6 Burns, R., 1786. 'To a louse.' [online] Burns Country. Available at: <http://www.robertburns.org/works/97.shtml>

7 Wikipedia. *Confirmation bias*. [online] Available at: <https://en.wikipedia.org/wiki/Confirmation_bias>

8 Retail Gazette, 2013. Loyalty versus loyalty schemes - the paradigm. [online] *Retail Gazette. Available* at: <http://www.retailgazette.co.uk/blog/2013/11/33031-loyalty-versus-loyalty-schemes-the-paradigm>

9 Moth, D., 2011. *Loyalty schemes don't create loyal consumers, says Ipsos MORI.* [online] Econsultancy. Available at: <https://econsultancy.com/blog/8554-consumers-want-discounts-and-special-treatment-in-return-for-loyalty>

10 Swinscoe, A., 2013. *Customer service and customer loyalty can be improved by using decision science - interview with Phil Barden.* [online] Available at: <http://www.adrianswinscoe.com/customer-service-and-customer-loyalty-can-be-improved-by-using-decision-science-interview-with-phil-barden/>

11 Nunes, J. C. and Dreze, X., 2006. The endowed progress effect: how artificial advancement increases effort. *Journal of Consumer Research.* [pdf] Available at: <http://papers.ssrn.com/sol3/papers.cfm?abstract_id=991962>

12 Shaukat, T. and Auerback, P, 2012. *Loyalty: is it really working for you?* [online] McKinsey & Company. Available at: <http://www.mckinseyonmarketingandsales.com/loyalty-is-it-really-working-for-you>

13 Pandora RD, 2012. *Best Job | P&G London 2012 Olympic Games Film.* Available at: <https://www.youtube.com/watch?v=SVGlrs2K2ow>

14 Delo, C., 2012. *P&G marketing chief touts role of Facebook, Yahoo in 'Thank you, Mom' campaign.* [online] AdvertisingAge. Available at: <http://adage.com/article/digital/p-g-s-pritchard-touts-digital-social-olympics-push/236590/>

15 Godin, S., 2010. *Loyalty.* [online] Available at: <http://sethgodin.type-

pad.com/seths_blog/2010/09/loyalty.html>

16 Swinscoe, A., 2014. *What drives customer loyalty - interview with Steve Sims of Badgeville*. [online] Available at: <http://www.adrianswinscoe.com/what-drives-customer-loyalty-interview-with-steve-sims-of-badgeville/>

17 Wikipedia. *Service recovery paradox*. [online] Available at: <http://en.wikipedia.org/wiki/Service_recoverydox>

18 de Matos, C. A., Henrique, J. L. and Rossi, C. A. V., 2007. Service recovery paradox: a meta-analysis. *Journal of Service Research*. [online] Available at: <http://jsr.sagepub.com/content/10/1/60.abstract>; and Magnini, V. P., Ford, J. B., Markowski, E. P. and Honeycutt Jr, E. D., 2007. *The service recovery paradox: justifiable theory or smoldering myth?* [pdf] Available at: <http://www.emeraldinsight.com/journals.htm? articleid=1610308&show=pdf>

19 Lammore. [online] Available at: <http://www.lammore.co.uk/>

20 ClickFox, 2012. *2012 brand loyalty survey*. [pdf] Available at: <http://web.clickfox.com/rs/clickfox/images/cf-survey-results-brand-loyalty.pdf>

21 Swinscoe, A., 2013. *Employee engagement is a commitment not a campaign - interview with Stan Phelps*. [online] Available at: <http://www.adrianswinscoe.com/employee-engagement-is-a-commitment-not-a-campaign-interview-with-stan-phelps/>

第五节

1 Hinge, 2015. *2015 Professional Services Marketing Priorities*. [online] Available at: <http://www.hingemarketing.com/library/article/2015-professional-services-marketing-priorities>

2 Sirinides, M., 2014. *Most advisory firms don't have a strategy of landing client referrals*. [online] InvestmentNews. Available at: <http://www.investment-

news. com/article/20141215/BL0G18/141219955/most-advisory-firms-dont-have-a-strategy-for-landing-client-referrals>

3　Swinscoe, A., 2014. *How we built a community of customer advocates - interview with Joan Babinski of Brainshark.* [online] Available at: <http://www. adrianswinscoe. com/how-we-built-a-community-of-customer-advocates-interview-with-joan-babinski-of-brainshark/>

第六节

1　Swinscoe, A., 2015. *Customer feedback is the most effective way of improving the financial performance of a business - interview with Guy Letts of Customer-Sure.* [online] Available at: <http://www .adrianswinscoe.com/customer-feedback-is-the-most-effective-way-of-improving-the-financial-perform-ance-of-a-business-interview-with-guy-letts-of-customersure/>

2　OpinionLab. *So long surveys! Opt-in is taking over.* [online] Available at: <http://www.opinionlab.com/so-long-surveys/>

3　Customer Champions. *Creating a customer-orientated culture.* [online] Available at: <http://www.customerchampions.co.uk/creating-a-customer-ori-entated-culture/>

4　Swinscoe, A., 2015. *Customer feedback is the most effective way of improving the financial performance of a business - interview with Guy Letts of Customer-Sure.* [online] Available at: <http://www. adrianswinscoe.com/customer-feedback-is-the-most-effective-way-of-improving-the-financial-perform-ance-of-a-business-interview-with-guy-letts-of-customersure/>

5　Swinscoe, A., 2014. *Improve customer experience by surveying your customers quickly - interview with Mark Smith of ContactEngine.* [online] Available at: < http://www. adrianswinscoe. com/improve-customer-experience-by-sur-veying-your-customers-quicker-interview-with-mark-smith-of-con-tactengine/>

6　Aberdeen Group. *Customer engagement analytics: how to use data to create (and keep) happy customers.* [online] Available at: <http://v1 .aberdeen. com/launch/report/research_report/9251 -RR-Customer-Analytics.asp>

7　Minkara, O., 2014. Misinterpreting customer data: good data can't save bad marketing, [online] *CMO Essentials.* Available at: <http://cmoessentials. com/misinterpreting-customer-data-good-data-cant-save-bad-market-ing/>

8　Rankin, J., 2015. WPP launches bid for data company that devised Tesco clubcard. [online] *The Guardian.* Available at: <http://www.theguardian. com/business/2015/mar/16/wpp-launch-bid-company-tesco-clubcard>

9　Swinscoe, A., 2014. *Customer insight, big data and the bigger skill gap - interview with Vivek Jetley of EXL.* [online] Available at: <http://www.adri-answinscoe. com/customer-insight-big-data-and-the-bigger-skills-gap-in-terview-with-vivek-jetley-of-exl/>

第七节

1　Drucker Institute. *Peter Drucker's life and legacy.* [online] Available at: <http://www.druckerinstitute.com/peter-druckers-life-and-legacy/>

2　O'Connell, D., 2015. The Sunday Times Best 100 Companies, [online] *The Sunday Times.* Available at: <http://appointments .thesundaytimes.co.uk/article/best100companies/>

3　Swinscoe, A., 2013. *Our customer service and success is driven by happy people all striving for the same high standards - interview with Will Beckett of Hawksmoor.* [online] Available at: <http://www .adrianswinscoe. com/our-customer-service-and-success-is-driven-by-happy-people-all-stri-ving-for-the-same-high-standards-interview-with-will-beckett-of-hawks-moor/>

4　Swinscoe, A., 2014. *An organisation constitution improves employee engage-*

ment and customer experience - interview with Chris Edmonds. [online] Available at: <http://www.adrianswinscoe.com/an-organisational-constitution-improves-employee-engagment-and-customer-experience-interview-with-chris-edmonds/>

5 Crabtree, S., 2013. *Worldwide, 13% of employees are engaged at work.* [online] Gallup. Available at: <http://www.gallup.com/poll/165269/worldwide-employees-engaged-work.aspx>

6 Gallup. *The culture of an engaged workplace - Q12 employee engagement.* [online] Available at: <http://www.gallup.com/services/169328/q12-employee-engagement.aspx>

7 Customer Experience Matters, 2015. *Report: employee engagement benchmark study, 2015.* [online] Available at: <https://experiencematters.wordpress.com/2015/02/17/report-employee-engagement-benchmark-study-2015/>

8 Swinscoe, A., 2013. *Employee engagement and what it takes to be the best - interview with Ryan Cheyne of Pets at Home.* [online] Available at: <http://www.adrianswinscoe.com/employee-engagement-and-what-it-takes-to-be-the-best-interview-with-ryan-cheyne-of-pets-at-home/>

9 Heskett, J. L, Earl Sasser Jnr, W. and Schlesinger, L. A., 1997. *The service profit chain: how leading companies link profit and growth to loyalty, satisfaction and value.* The Free Press: New York.

10 Beck, R. and Harter, J., 2015. *Managers account for 70% of variance in employee engagement.* [online] Available at: <http://www.gallup.com/businessjournal/182792/managers-account-variance-employee-engagement.aspx>

11 Swinscoe, A., 2012. *Employee engagement is not something that is done to employees - interview with Kevin Kruse.* [online] Available at: <http://www.adrianswinscoe.com/employee-engagement-is-not-something-that-

is-done-to-employees-interview-with-kevin-kruse/>

12 Karsan, R. and Kruse, K., 2011. *We: how to increase performance and profits through full engagement.* John Wiley & Sons: Hoboken, NJ; and Kruse, K., 2012. Employee engagement 2.0: how to motivate your team for high performance. The Kruse Group: Richboro, PA.

13 Swinscoe, A., 2011. *Customer experience, back to basics and creating a customer focused business - interview with Syed Hasan of Responsetek.* [online] Available at: <http://www.adrianswinscoe .com/customer-experience-back-to-basics-and-creating-a-customer-focused-business-interview-with-syed-hasan-of-responsetek/>

14 Robinson, D. Perryman, S. and Hayday, S., 2004. *The drivers of employee engagement.* [online] Institute for Employment Studies. Available at: <http://www. employment-studies. co. uk/report-summary-drivers-employee-engagement? id = 408 > and < http://www. scarlettsurveys . com/employee-surveys/drivers-of-employee-engagement>

15 IT-Online, 2015. *Gap between customer; employee experience.* [online] Available at: <http://it-online. co. za/2015/06/23/gap-between-customer-employee-experience/>

16 Swinscoe, A., 2015. *The pre-life, early life and in-life stages of the employee experience - interview with Jo Taylor.* [online] Available at: <http://www. adrianswinscoe. com/the-pre-life-early-life-and-in-life-stages-of-the-employee-experience-interview-with-jo-taylor/>

17 Stewart, H., 2012. *The happy manifesto: make your organization a great workplace.* Kogan Page: London.

18 Swinscoe, A., 2012. *Create an enjoyable customer experience and get a Net Promotor Score of 70%.* [online] Available at: < http://www. adrianswinscoe. com/create-an-enjoyable-customer-experience-and-get-a-net-promoter-score-of-70/>

第八节

1　Zappo Insights. *Holacracy and self-organization.* [online] Available at：<http://www.zapposinsights.com/about/holacracy> and <http://www.holacracy.org/>

2　Gore. *A team-based, flat lattice organization.* [online] Available at：<http://www.gore.com/en_xx/aboutus/culture/>

3　Best Companies. *W L Gore & Associates.* [online] Available at：<http://www.b.co.uk/Company/Profile/305950>

4　Gore, 2015. *W. L. Gore & Associates named on the 2015 Fortune 100 best companies to work for list.* [online] Available at：<http://www.gore.com/en_xx/news/FORTUNE-100-best-2015.html> and <http://www.gore.com/en_gb/news/sunday_2014.html>

5　WorldBlu. *10 principles of organizational democracy.* [online] Available at：<http://www.worldblu.com/democratic-design/principles.php> and <http://www.worldblu.com/awardee-profiles/2015.php>

6　WD-40, 2015. *WD-40 company: corporate overview.* [pdf] Available at：<http://investor.wd40company.com/files/doc_presentations/2015/070815-WDFC-Corporate-0verview-FINAL.pdf>

7　Swinscoe, A., 2014. *Looptail and changing the world through fully engaged employees and customers - interview with Bruce Poon Tip.* [online] Available at：<http://www.adrianswinscoe.com/looptail-and-changing-the-world-through-fuily-engaged-employees-and-customers-interview-with-bruce-poon-tip/>

8　Poon Tip, B., 2013. *Looptail: how one company changed the world by reinventing business.* Business Plus: New York

9　Swinscoe, A., 2014. *Five ways to become more agile and responsive to your customers' needs.* [online] Available at: < http://www. adrianswinscoe. com/five-ways-to-become-more-agile-and-responsive-to-your-customers-needs/>

10　Swinscoe, A., 2014. *Business needs to be agile and customer centric if it is to avoid the coming customerpocalypse - interview with Alan Trefler, CEO of Pegasystems.* [online] Available at: <http://www.adrianswinscoe.com/business-needs-to-be-agile-and-customer-centric-if-it-is-to-avoid-the-coming-customerpocalypse-interview-with-alan-trefler-ceo-of-pegasystems/>

11　Bill, G., Sims, P., McLean, A. N. and Mayer, D., 2007. *Discovering your authentic leadership.* [online] Harvard Business Review. Available at: <https://hbr.Org/2007/02/discovering-your-authentic-leadership/ar/1>

12　Swinscoe, A., 2012. *Using systems thinking to improve customer satisfaction and employee engagement - interview with Rob Brown of Aviva.* [online] Available at: <http://www .adrianswinscoe.com/using-systems-thinking-to-improve-customer-satisfaction-and-employee-engagement-interview-with-rob-brown-of-aviva/>

13　Vanguard. [online] Available at: <http://vanguard-method.net/>

14　Swinscoe, A., 2013. *Systems thinking, customer service and unlearning the way we do things - interview with John Seddon of Vanguard.* [online] Available at: <http://www.adrianswinscoe.com/systems-thinking-customer-service-and-unlearning-the-way-we-do-things-interview-with-john-seddon-of-vanguard/>

15　IBE, 2014. *Business Ethics Briefing.* [pdf] Available at: <https://www .ibe.org.uk/userassets/briefings/b39_customers.pdf>

16　Tovey, A., 2015. ' People would rather go to the dentist than a car dealer - we've got to end that. ' [online] *The Telegraph.* Available at: <http://www. telegraph. co. uk/finance/newsbysector/retailandconsumer/11800921/>

SUNDAY-People-would-rather-go-to-the-dentist-than-a-car-dealer-weve-got-to-end-that.html>

17　Swinscoe, A., 2015. *How we transferred our organisation and our customer experience - interview with Damian Thompson of Principality Building Society.* [online] Available at: < http://www . adrianswinscoe. com/how-we-transformed-our-organisation-and-our-customer-experience-interview-with-damian-thompson-of-principality-building-society/>

18　Thodey, D., 2014. *Why everybody should think they are the Chief Customer Officer - reflections on building a customer focused business.* [online] LinkedIn. Available at: <https://www.linkedin.com/pulse/20140522060750-130682857-why-everybody-should-think-they-are-the-chief-customer-officer-reflections-on-building-a-customer-focused-business>

19　BusinessManagement, 2013. *CEO's duty: customer service rep?* [online] Available at: <http://www.businessmanagementdaily .com/34056/ceos-duty-customer-service-rep>

20　Swinscoe, A., 2014. *Social leadership and why the C-Suite has to go social - interview with Ted Coine and Mark Babbitt.* [online] Available at: <http://www. adrianswinscoe. com/social-leadership-and-why-the-c-suite-has-to-go-social-interview-with-ted-coine-and-mark-babbitt/>

21　Kitching, C., 2014. EXCLUSIVE: No more Mr Meanie! Ryanair's famously combative boss Michael O'Leary admits he was too extreme and should have been 'nicer' to customers sooner.
[online] *Mail Online.* Available at: <http://www.dailymail.co.uk/travel/travel _ news/article-2813863/Controversial-Ryanair-boss-admits-no-frills-carrier-nicer-customers-sooner.html>

22　Swinscoe, A., 2015. *A degree of humility always succeeds in business - interview with Michael O'Leary of Ryanair.* [online] Available at: <http://www. adrianswinscoe. com/a-degree-of-humility-always-succeeds-in-business-

注 释

interview-with-michael-oleary-of-ryanair/>

23　Heidreck & Struggles. *The CEO report: Embracing the paradoxes of leadership and the power of doubt.* [pdf] Available at: <http://www.heidrick.com/Knowledge-Center/Publication/The-CEO-Report>

24　Wikipedia. *Goodhart's Law.* [online] Available at: <https://en.wikipedia.org/wiki/Goodhart's_law>

25　Bazerman, M. H. and Tenbrunsel, A. E., 2011. Ethical breakdowns. [online] *Harvard Business Review.* Available at: <https://hbr.org/2011/04/ethical-breakdowns>

26　Verrill, A., 2012. *A Zappos lesson in customer service metrics.* [online] Customer Service Investigator. Available at: <http://csi.softwareadvice.com/a-zappos-lesson-in-customer-service-metrics-1101029/>; and Michelli, J., 2011. The Zappos experience: 5 principles to inspire, engage and WOW. McGraw-Hill: New York.

27　Hsieh, T., 2010. *Why I sold Zappos.* [online] Inc. Available at: <http://www.inc.com/magazine/20100601/why-i-sold-zappos.html>

28　Swinscoe, A., 2010. *Culture and values can be a great base for growth. For some it's everything.* [online] Available at: <http://www.adrianswinscoe.com/culture-great-base-growth/>

29　Bezos, J., 2009. *Video from Jeff Bezos about Amazon and Zappos.* [video online] Available at: <https://www.youtube.com/watch?v=-hxX_Q5CnaA>; and Parr, B., 2009. Here's why Amazon bought Zappos. [online] Mashable. Available at: <http://mashable.com/2009/07/22/amazon-bought-zappos/>

30　Lam, B., 2014. *The wasted workday.* [online] The Atlantic. Available at: <http://www.theatlantic.com/business/archive/2014/12/the-wasted-workday/383380/>; and Workfront. Latest study reveals companies are failing employees, [online] Available at: <http://www.workfront.

com/enterprise/resource/whitepaper/state-enterprise-work>

31 Swinscoe, A., 2013. *Employee engagement is like rolling a snowball uphill - interview with Peter A. Hunter.* [online] Available at: <http://www.adrianswinscoe. com/employee-engagement-is-like-rolling-a-snowball-uphill-interview-with-peter-a-hunter/>

32 Gartner, 2015. *Gartner's 2015 hype cycle for emerging technologies identifies the computing innovations that organizations should monitor.* [online] Available at: <http://www.gartner.com/newsroom/id/3114217>

33 Fenn, J., 2014. *Applying lessons from 20 years of hype cycles to your own innovation and forecasting strategies.* [online] Gartner. Available at: <https://www.gartner.com/doc/2847417? >